AF230718

GOUVERNEMENT

ET

DÉCENTRALISATION

GOUVERNEMENT

ET

DÉCENTRALISATION

SAINT-GERMAIN

DE L'IMPRIMERIE L. TOINON ET Ce

80, RUE DE PARIS, 80

—

1871

GOUVERNEMENT

ET

DÉCENTRALISATION

« Le bien naît souvent de l'excès du mal. »

Les cruels événements qui ont marqué les années néfastes 1870 et 1871 nous ont mis, de nouveau, en présence de questions dont dépendent absolument les destinées futures de la France. Suivant que ces questions seront résolues par le sentiment et les préjugés ou par la froide logique, le pays est perdu ou sauvé...

Et quand je dis sauvé, je n'entends pas exprimer cette sorte de salut qu'un médecin plus ou moins habile procure au malade que ses soins ont exténué et rendront convalescent pendant de longues annécs ou même pendant toute sa vie ; non, j'entends que la France se relèvera très-rapidement, presque immédiatement, de l'épreuve terrible qu'elle subit, plus radieuse et plus puissante que jamais. Si elle le veut bien, elle trouvera dans l'insolence du vainqueur, dans la paix en apparence écrasante qu'il lui a imposée, dans la formidable insurrection qui désole la capitale, bref dans l'excès de ses malheurs les éléments de son salut. Ah ! si l'Allemagne avait montré dans sa victoire cette perspicacité, ce bon sens et toutes ces qualités qui l'ont mise récemment, au point de vue philosophique, scientifique et mécanique, à la tête des pays civilisés ; si,

appréciant mieux le bourbier monarchique, démocra-
tique, administratif et industriel où nous nous débattons
depuis la première révolution, elle eût mis fin à la guerre
après Sedan en se contentant de deux milliards d'indemnité, notre riche pays eût bientôt payé cette somme par
quelques économies budgétaires; et n'étant pas forcé de se
replier sur lui-même pour se considérer, s'examiner avec
un sentiment voisin du désespoir, n'ayant pas arraché
violemment de ses yeux le bandeau qui l'empêchait de
voir sa routine, ses préjugés, sa servilité, sa vanité, sa
paresse, son indolence, son avarice, son égoïsme, son
indifférence des questions d'intérêt général, son absence
à peu près complète de patriotisme, ah! pour le coup nous
étions bien irrémédiablement perdus ! Nous n'aurions pas
senti la nécessité de nous améliorer, de chercher le bon-
heur où il est : dans la satisfaction la plus grande possible des intérêts de tous, de mettre froidement et résolûment la mine et la sape dans des institutions vermoulues.
Nous aurions continué à nous bercer de l'idée que le
monde entier les admire et les envie. Nous nous serions
mis de nouveau sous la tutelle d'un sauveur, et à l'ombre
d'un sceptre de carton redoré représentant la Force et la
Sécurité, nous nous serions jetés avec une nouvelle fureur
à la poursuite de fortunes mal acquises, nous nous serions livrés avec abandon au culte des jouissances éner-
vantes, abrutissantes, sans songer un instant aux questions
sociales que nous avons le devoir de résoudre ; et un beau
jour *peu éloigné* nous aurions trouvé le sort si richement
mérité, vers lequel nous nous serions doucement ache-
minés. En butte aux convulsions nouvelles de la révolution, devenus un danger perpétuel pour la sécurité de
l'Europe, plus incapables de nous défendre qu'en 1870,
nous serions devenus une proie facile pour l'Allemagne
agrandie, fortifiée et améliorée moralement par le triste

et écœurant spectacle de nos défaillances. A un peuple
abruti comme le nôtre, l'appareil militaire qui nous a
déjà vaincus eût été trop d'honneur ; l'Allemagne aurait
pu s'en épargner la peine et les frais, et entrant chez nous,
la schlague en main, par les nombreuses portes que nous
n'aurions su garder, elle aurait pu, après en avoir dis-
tribué quelques coups à droite et à gauche, prononcer la
sentence que la turbulente et aristocratique Pologne s'est
attirée : *Finis Galliæ*.

Mais non, *Dieu protége visiblement la France*, car il
lui a donné des ennemis que l'orgueil soldatesque a aveuglés. Cet ennemi l'a heureusement acculée de telle façon
qu'il lui a fait une loi inévitable de se tâter, de se recueil-
lir et de prendre aujourd'hui ou demain les résolutions
qui doivent la sauver. Nos représentants sont à l'œuvre
jour et nuit. La commission du budget taille, rogne les
services publics pour en tirer des économies. Certes, elle
en trouvera ; mais elles monteront à un chiffre insignifiant
par rapport au budget grossi par l'indemnité de guerre,
par les frais de la résistance, par les indemnités à donner
aux pays ravagés, par la guerre civile qui depuis deux
mois désole la capitale et attriste le monde entier. Réduire
les traitements est une bonne mesure dans un pays appauvri comme le nôtre. Tout le monde applaudira en voyant
les ministres réduits à 4000 fr. par mois, privés d'hôtels
qui poussent à la représentation, à la dépense, et partant
modestement de chez eux le matin pour se rendre à leurs
cabinets comme leurs employés. Mais n'y a-t-il pas mieux
à faire ? était-ce bien par là qu'il fallait commencer ?
l'œuvre de la décentralisation ne doit-elle pas précéder
toute tentative de réformer le budget, sous peine de voir
celle-ci aboutir à des discussions stériles et à des résultats
insignifiants ? A quoi bon discuter le traitement de tel ou
tel ministre, de tel ou tel secrétaire général ; à quoi bon

chercher à réduire le personnel d'une division, d'un bureau, si les simplifications dues à la décentralisation permettent de supprimer tout à fait le ministre, le directeur, la division et le bureau en discussion ? C'est dans cette voie seulement que l'on trouvera des économies importantes se chiffrant peut-être par un demi-milliard, à quoi il faut ajouter un milliard que l'agriculture, le commerce et l'industrie produiront de plus que par le passé, dès qu'ils seront débarrassés des entraves que l'administration sème à plaisir sous leurs pas, pour s'employer à quelque chose et justifier sa présence. Par une réforme ainsi comprise et conduite, toutes nos difficultés seront rapidement résolues. On pourra conserver provisoirement le budget de la guerre qui, bien employé, par une réforme radicale de son administration et de l'armée, permettra à bref délai, à la France, de reprendre son rang dans l'aréopage européen et de contribuer au redressement d'un système d'annexions qui met en question l'existence de toutes les nations.

Ainsi, la décentralisation et la réforme administrative, qui ne forment qu'une seule et même question, étant effectuées résolûment, largement, *préalablement à toute réforme budgétaire*, les deux autres questions, celles de nos embarras financiers et de l'acquittement de notre dette, sont aussi résolues.

Resterait la question de la forme du Gouvernement. En 1848, la coalition de la rue de Poitiers qui n'avait pas assez de trois expériences du régime monarchique pour en apprécier la valeur, qui ne s'était pas rendu compte que ce régime a pour condition d'existence la *centralisation administrative* la plus forte possible, les abus inévitables qui en découlent et les gros budgets, confondant une forme de gouvernement à laquelle les circonstances et le mauvais vouloir de certains hommes n'ont jamais donné l'occasion de s'exercer dans les conditions de logique et d'économie qui lui appartiennent en propre avec celle où tendaient les aspirations tumultueuses, révolutionnaires d'une infime minorité, a pensé qu'il fallait abandonner cet essai et revenir à une quatrième restauration monarchique. Celle qu'elle rêvait ne fut pas celle qui s'accomplit. *Dieu protégeait la France*, et nous assistâmes pendant dix-huit ans aux orgies du Bonapartisme, qui finirent par se noyer avec la dynastie dans la défaite honteuse, le sang et la ruine... Que tous ceux dont les agissements, en 1849, ont amené les événements qui se sont déroulés depuis, interrogent sincèrement, sévèrement leur conscience, comme semble l'avoir fait l'honorable chef du Pouvoir exécutif, et qu'ils osent dire ou écrire qu'ils recommenceraient, *d'un cœur plus ou moins léger,* cette fatale expérience.

Cependant s'il s'en trouve peu ou pas dans l'ancienne coalition, il est malheureusement certain que parmi les députés nouveaux, inexpérimentés, qui ne se rendent pas compte des risques et des périls que recèle la situation, il y en a qui, aveuglés par le sentiment, je n'irai pas jusqu'à dire par l'intérêt, se montrent impatients d'en venir à une cinquième restauration monarchique. Invoqueront-ils encore le spectre rouge? Confondront-ils encore tous ceux qui se disent républicains dans une même catégorie? Ils le voudraient peut-être bien, ils ne le peuvent plus.

Encore une fois, *Dieu protége la France* ; car cette épouvantable insurrection de Paris a séparé définitivement le bon grain de l'ivraie, a noyé, comme le bonapartisme, dans le sang, l'odieux, la honte et le ridicule, les jacobins et les communistes. Le gouvernement du pays par le pays que réclament ceux qu'éclaire l'expérience n'a rien à démêler avec ces gens-là. Il est impossible de prétendre le contraire sans faire acte de mauvaise foi. Désormais à tout individu qui élèvera la voix en faveur de la Commune, il n'y aura plus d'autres régimes auxquels on puisse le rattacher et le renvoyer, que ceux de Cayenne, de Charenton ou de Bicêtre.

Mais le monarchisme n'aurait-il pas, sous les espèces de la légitimité cléricale, des vertus cachées pendant dix siècles, des ressources intarissables, des trésors inconnus à l'aide desquels le salut du pays pourrait être assuré? Ah! oui, certainement, *Dieu protége la France.* Car tout ce qui n'est pas né viable vient se heurter et périr au pied de ce dur rocher en face duquel nos vainqueurs nous ont acculés. En effet, voici la vieille monarchie française qui vient de secouer son linceul, et de sa tombe s'est élevée une voix résonnant comme la voix cassée d'un vieillard, murmurant d'un accent paternel, attendri, un discours du moyen âge, et qui est destiné à préparer les esprits au retour de la monarchie du droit divin, des priviléges de la noblesse et des dîmes et peut-être... à la révision de la vente des biens nationaux... Qu'en penseront nos bons paysans si faciles à alarmer sur leurs intérêts et qui, l'an dernier, sur un simple bruit du rétablissement de la dîme, mettaient à sac les églises et les presbytères? -

Ah! Monsieur de Chambord, par votre présence, *avec toute la Maison de France*, vous rétablirez l'ordre dans le pays! vous rétablirez aussi le Pape sur son siége temporel et tout ce qui s'ensuit; et cela fait, tout sera fini! voilà votre programme! Que la France s'y abandonne, et elle est sauvée! C'est simple, c'est peut-être grand, bien que je ne l'aperçoive pas... Mais, Monseigneur, y songez-vous? Rendre au Pape son pouvoir temporel, c'est, à part tout ce qui se rattache à votre programme et peut soulever des discordes intérieures, une nouvelle guerre extérieure à entamer avant que nous ayons liquidé celle dont nous supportons encore l'horrible étreinte! Tout s'efface présentement devant les nécessités urgentes créées par notre défaite ! Comment entendez-vous y pourvoir? comment entendez-vous résoudre les problèmes sociaux agités depuis quatre-vingts ans? par la prière et les macérations? Mais vous oubliez le vieil adage : *Aide-toi, le Ciel t'aidera!* Comment faut-il que nous nous aidions, comment nous aiderez-vous? Quoi! dans un programme où vous avez dû mettre et avez mis tout ce que contient votre royal cerveau, pas un mot de la situation critique où nous sommes, pas un mot qui indique comment vous nous aiderez à en sortir! Mais je me trompe, vous n'avez rien oublié de ce que vous aviez à dire. Je vous comprends. C'est l'homme mystique, c'est l'homme ordinaire du passé qui ne sait rien de nos besoins, qui prétend nous sauver avec l'ancien attirail de la royauté, *quand un homme de cœur et de génie contemporain*, pénétré de nos besoins et de nos aspirations, n'y suffirait pas... Non, il n'y a pas de sauveurs dynastiques à la hauteur de la situation. Et, en effet, n'ont-ils pas tous succombé sous des tâches moins lourdes depuis le commencement de ce siècle? Où est le premier Empire? où est la Restauration? où est la monarchie de Juillet? où est le second Empire? Où doivent être les imprudents, les audacieux, les égoïstes qui, sous prétexte de sauver le pays, n'ont jamais pensé qu'à sauver leurs dynasties et qui recommenceront éternellement le même jeu, parce qu'une loi de la nature humaine a enraciné dans le cœur l'amour de la famille avant l'amour du pays...

Ainsi donc, il y a moins que jamais de sauveurs dynastiques possibles, et qui le prétendrait, en face des leçons réitérées que les événements leur ont infligées, dirait un mensonge impudent! Il n'y a aujourd'hui de salut que dans le cœur, l'intelligence, le patriotisme et le désintéressement de tous, dans la connaissance parfaite du mal et la résolution ferme, inébranlable, d'y appliquer, sans sourciller, le remède voulu. Et ce remède est exclusif de tout monarchisme, car il consiste dans la transformation radicale des deux seuls instruments à l'aide desquels un monarque puisse gouverner : *l'administration et le clergé*.

I

L'administration, en effet, a toujours été, comme le clergé, l'instrument du despotisme. Si elle a servi à constituer l'unité française, il ne faut pas oublier qu'elle l'a toujours fait, non dans l'intérêt du pays, mais dans celui de l'ambition d'un roi et de la perpétuité de sa dynastie, aussi bien sous le régime constitutionnel que sous le régime despotique. C'est elle qui transformerait le « self-government » en le plus intolérable despotisme, si les gouvernants de ce régime, qui n'a jamais été qu'ébauché, en France, étaient assez malavisés pour s'en servir dans l'état où l'ont amené les divers gouvernements qui se sont succédé. Bien plus, c'est elle en qui ces gouvernements croyaient trouver un appui solide qui les a conduits à leur perte. Car, comme un prisme trompeur, elle les a aveuglés sur la véritable situation des esprits; et d'un autre côté, comme elle a de plus en plus enserré tous les citoyens dans son inextricable réseau dont tous les fils aboutissaient à la capitale, il a toujours suffi d'un mécontentement, d'une lassitude, même d'un ennui du pays, d'une main audacieuse saisissant, en quelques heures, la tête du réseau, pour qu'une révolution parisienne s'imposât au pays tout entier. Nous n'avons échappé cette fois à

la Commune que parce que toute la province, d'un mou-
vement général, spontané, a prononcé la sentence de mort
de la *centralisation*; et que les mandataires du pays,
pour échapper à un nouveau coup de main, ont trans-
porté avec eux, hors de l'atteinte des révolutionnaires,
les administrateurs qui tenaient en main les fils de cette
centralisation, en attendant qu'ils exécutassent la sentence qui leur a été signifiée comme un mandat impératif.

Aujourd'hui toute la question est de savoir quand et
dans quelles limites cette sentence sera exécutée. Il est à
craindre que, sorti du danger que l'on a couru, on ait
bientôt le sentiment moins vif de l'urgente nécessité de la
réforme ; et que, si l'on a conservé quelque peu l'idée qu'il
y a quelque chose à faire, on se borne à enlever aux administrations centrales quelques bribes de leurs innombrables
attributions qu'elles auront bientôt fait de ressaisir. Car je
ne vois guère, à l'exception de M. Pouyer-Quertier, dans
les nouveaux membres du gouvernement dont on attendra
peut-être, comme par le passé, l'initiative, que des avocats, des littérateurs qui ne peuvent connaître l'administration comme elle devrait l'être. Je ne vois dans le chef
du Pouvoir exécutif, tout bon patriote qu'il est, que le vieil
homme d'État qui a été élevé et qui a vécu dans l'admiration de cette belle administration que nous avons eu
trop longtemps l'amour-propre de croire nous être
enviée par tous les peuples civilisés, et qui ne l'a été véri-
tablement que par les privilégiés du despotisme des
souverains européens et étrangers, plus tendres, plus
paternels les uns que autres.

Que pouvons-nous attendre, sous ce rapport, de la Chambre actuelle ? Pendant longtemps, celles qui l'ont précé-
dée ont été le produit des manœuvres de l'administration.
Elles ne l'ont jamais été plus que sous le régime impérial
qui vient de s'effondrer, le bon temps de la candidature

officielle. Les députés issus de ce régime ne représentaient qu'eux-mêmes, leur famille et un tout petit noyau d'électeurs influents. Ces députés-là ne pouvaient, par leur origine même, rien refuser à l'administration. En revanche, l'administration n'avait rien à leur refuser. Aussi, après avoir élevé, pour la plus grande satisfaction de l'Empire et de son administration, le budget au chiffre sublime de 2 milliards 400 millions, sous le poids de la moitié duquel la Restauration eût été écrasée comme un vermisseau — ce que c'est que le progrès ! — ces braves députés ne sortaient-ils plus des antichambres et bureaux ministériels où, en quête de places et de commandes, de routes et de ponts pour leurs familles et leurs électeurs, ils prenaient leur large part des millions qu'ils avaient votés sous les formes les plus variées, quelques-uns ne dédaignant pas, sans doute sous prétexte qu'il n'avait pas d'odeur, l'argent qui venait de la police, des fonds secrets ou de la cassette particulière du chef de l'État.

En ce moment, sauf les places dont les classes moyennes et supérieures, auxquelles appartiennent nos députés, sont en possession et qu'elles voudront retenir, sauf la crainte de perdre les voix d'électeurs influents si l'on y porte une main trop hardie ; sauf la résistance que l'esprit français, façonné depuis longtemps au régime de nos mandarins, oppose à tout changement, à toute innovation, la Chambre actuelle réunit le plus possible les conditions voulues pour aborder les réformes commandées par la situation et les adopter.

Qui d'ailleurs de ses membres ignore la part énorme que l'administration a eue dans nos revers ? N'est-ce pas elle qui est venue nous dire qu'elle était prête, dix fois prête, pour cette guerre absurde contre la Prusse ? Certainement les bureaux ont fourni au maréchal Lebœuf des états parfaitement dressés établissant un fait devant lequel le chef d'une grande administration ne peut que s'incliner. Car pour peu que l'on y ait été mêlé, on connaît toute la puissance du mécanisme de l'imprimé administratif! Cela prouve tout, et cela ne prouve rien. Nous l'avons bien vu. Rien ne marche sans cela, il faut que cela vienne de l'Administration centrale ; et si une cause quelconque empêche ces imprimés d'arriver, tout s'arrête comme une machine où l'huile viendrait à manquer. J'ai vu au commencement de l'invasion des agents supérieurs résidant en province, en manquer, en réclamer vainement à Paris déjà éperdu, ahuri ; et plutôt que d'en faire faire par l'imprimeur du pays, ce à quoi ils ne sont pas autorisés dans les circonstances ordinaires, bien que cela soit plus économique, j'ai vu ces agents prendre le parti de composer leurs formules à la main!

C'est sans doute parce qu'ils manquaient de formules que les agents de l'intendance ont si mal dirigé les approvisionnements en vêtements, vivres, munitions de guerre, dont le manque, au moment voulu, a joué un rôle si désastreux dans la lutte de nos armées de province contre un envahisseur admirablement servi. Cependant cette excuse ne saurait être alléguée pour les souliers à semelles en carton et les vêtements détestables fournis à nos malheureux mobiles. On serait plutôt porté à supposer quelque coupable connivence avec cette race infecte de fournisseurs dont on ne se débarrassera qu'en les fusillant impitoyablement. Mais si le cas a existé, je crois qu'il a été rare. L'administration, en France, a, au moins, cette espèce d'honnêteté qui l'empêche de se salir dans de pareils tripotages. Son défaut n'est pas là. Il est dans son apathie, son indifférence, sa paresse, et dans l'incapacité qui frappe tous ceux de ses membres qui oublient ou qui ignorent que rien au monde n'exige une *culture soutenue* comme l'intelligence.

II

Qui, parmi les députés, ignore combien notre administration est indolente et routinière et combien peu de garanties nous puisons dans le fait du recrutement de nos
cadres, dans les écoles spéciales plus ou moins savantes ?
Dans la ligne un officier est montré au doigt par ses ca-
marades s'il abandonne la flânerie et l'absinthe tradition-
nelles pour l'étude et le soin paternel des hommes dont il
a la direction? Dans les armes spéciales la grande instruction reçue dans des écoles autrefois célèbres est, au bout
de quelques années, recouverte d'une telle couche de
rouille que plus rien n'apparaît de ce qui devait faire des
sujets distingués, des citoyens utiles à l'État. La routine
et l'indifférence ont tout éteint. Aussi c'est en vain que
l'Allemagne perfectionne sa stratégie, élève et maintient
l'instruction de ses cadres à un niveau inconnu jusqu'alors, par cette simple, très-simple méthode d'exiger
des *études et des efforts constants pour tout avancement*;
c'est en vain qu'elle fait reposer son système d'attaque sur
une nombreuse artillerie *perfectionnée*, la force et le
nombre de ses armées sur un système de recrutement qui
arme et discipline toute la nation ; c'est en vain que quelques officiers supérieurs, qui ont vu et apprécié, jettent le

cri d'alarme, la routine administrative et, il faut le dire aussi, notre incurable présomption nous enrayent dans le *statu quo*. Le célèbre chirurgien Leroy d'Étiolles avait poursuivi pendant trente ans le comité d'artillerie pour faire adopter par l'armée le canon rayé. Le comité fit passer l'invention à l'état fossile sous de nombreuses stratifications de rapports, ce qui ne l'empêcha pas, sans doute pour faire métier de courtisan, d'accepter le canon rayé inventé plus tard par l'empereur, canon qui était un incontestable progrès sur l'ancien et auquel nous avons dû en partie notre succès dans la guerre d'Italie. Mais après un si vaillant effort le comité retomba dans l'indifférence. et la léthargie qui sont le cachet distinctif de toutes les administrations, à moins qu'il ne s'y rencontre de loin en loin un chef ambitieux arrivé jeune, ce qui est presque voisin de l'impossible, et dont l'ambition vise aux premières charges de l'État. Il nous revient de l'Allemagne la nouvelle que *l'industrie privée* y fabrique de nouveaux canons en acier se chargeant par la culasse ayant une portée considérable. Nous avons vu ces canons à la dernière Exposition. L'artillerie de la marine, à cause de l'avantage spécial qu'elle y trouve, est seule à entrer dans la même voie. Le comité de Saint-Thomas-d'Aquin persuade, dit-on, à l'empereur que son canon est le dernier terme du progrès ; ce qui a le double avantage de lui permettre de faire sa cour au chef de l'État et d'échapper à l'étude d'un nouveau système. Rien ne le distrait de cette douce quiétude, de son « far niente administratif. » M. Émile Martin a beau être un industriel de grand renom, un habile constructeur, un bon patriote. Il a beau s'alarmer de notre infériorité, construire trois pièces de 7 de cet acier dont il a fait 500,000 chassepots ; il a beau les envoyer au comité sous la garantie d'un nom respectable, le comité les reçoit, mais qu'en fait-il ? personne ne peut le savoir.

Après nos premières défaites, M. Émile Martin s'en inquiète, fait d'actives recherches et finit par les trouver.... dans une cave de l'arsenal où elles avaient été couchées dès le jour de leur arrivée et où on les avait précieusement conservées... Y aura-t-il un jour ou l'autre un conseil de guerre pour juger et dégrader, pour l'exemple, les officiers supérieurs coupables d'une pareille incurie doublée d'un manque de civisme si abominablement criminel ?

Du reste, à ne considérer que le matériel d'artillerie, tel qu'un dernier effort l'a fait avant la guerre d'Italie, un ingénieur civil, sans avoir passé à Metz, pourrait y trouver beaucoup à reprendre. Tout y accuse l'ignorance complète non-seulement des progrès réalisés dans les constructions, mais de l'emploi le plus élémentaire du bois, du fer et des autres métaux ; on y trouve des pièces de bois façonnées à en faire sortir le prix à 300 fr. le mètre cube, des pièces de forge à 10 fr. le kilogr., le tout assaisonné d'un cahier des charges à l'avenant, et où l'on trouve, entre autres facéties, le *cuivre rouge* prescrit comme revêtement intérieur de la boîte du moyeu. Il est vrai que tous ces documents, dessins et pièces écrites que j'ai vus dans les ateliers de l'industrie auxquels on a eu recours pendant la guerre, *remontent à* 1827! Les forges de campagne sont de cette époque, et pourraient certainement être remplacées par de meilleures dispositions.

Comment peut-il en être autrement, lorsque, au lieu de s'adresser, comme le font du reste les peuples pratiques, les Américains, les Anglais et les Allemands, à l'industrie dont la loi vitale est de progresser tous les jours dans la double voie du bon marché et d'une perfection croissante dans l'exécution, on s'avise d'avoir des ateliers d'État où les ingénieurs, contre-maîtres et ouvriers, *qui ont leur existence assurée quoi qu'ils fassent,* suivent à l'envi les errements de l'administration bureaucratique, sous le rapport du soin et de l'ingéniosité apportés dans les projets, de la rapidité dans leur exécution? Par cette méthode, outre que ce que fabrique l'État lui coûte très-cher, tout lui reste pour compte bon ou mauvais ; tandis que les mêmes travaux, exécutés par l'industrie, *pourraient* n'être acceptés que s'ils remplissent exactement les conditions imposées. Je me plais à croire que cette sévérité, dans la réception des rares travaux confiés à l'industrie privée, est la règle habituelle de l'administration. J'ai vu cependant, dans un coin obscur de l'un de nos bassins, une frégate amirale, à hélice, construite sur les plans des ingénieurs de la marine, d'une richesse de décoration à faire envie à un yacht impérial, et pourvue d'une machine fournie par le Creuzot. Je devais croire que les ingénieurs de l'État et de l'industrie, se rencontrant sur le même terrain, avaient dû faire assaut d'habileté, et que j'avais sous les yeux une perle de la marine française. Un lieutenant de vaisseau qui m'accompagnait me désillusionna aussitôt, me racontant qu'aux premiers essais, le navire donna lieu aux observations suivantes :

1° On s'aperçut que la machine avait été reçue ayant une tige de piston cassée ;

2° Que cette machine, lorsqu'elle put marcher, consommait une si énorme quantité de combustible, qu'il était impossible au bâtiment de recevoir l'approvisionnement de huit jours de marche ;

3° Que la vitesse du vaisseau était inférieure à dix nœuds et, par conséquent, tout à fait insuffisante ;

4° Que la coupe de ce vaisseau s'opposait à la marche à la voile, etc., etc.

Bref, cette belle et riche frégate était tellement défectueuse qu'on fut obligé de renoncer à la mettre en service ; on l'a démontée, désarmée et amarrée dans un coin de

l'arsenal où je l'ai vue et où elle est destinée à rester jusqu'à ce que le feu ou la pourriture viennent terminer une
carrière qui n'était pas précisément celle que l'on devait
attendre d'un vaisseau appelé *la Gloire*.

On se demande, en présence de cet exemple, pourquoi
l'on n'a pas condamné le Creuzot à enlever sa machine à
ses frais? Je ne veux pas m'arrêter à l'idée qu'on n'eût
osé prendre une telle liberté vis-à-vis d'une usine si
dévouée à l'ex-empereur, aussi bien par son chef que par
ses ouvriers qui, comme l'on sait, appartenaient tous à
l'association internationale des travailleurs, honorée alors
du patronage impérial. J'aime mieux croire que cela tient
à ce que l'on n'a pu résoudre la question de savoir si l'infériorité de marche du navire et sa consommation extraor-
dinaire de combustible étaient dues aux machines ou à
la coupe du vaisseau ; et que, dans l'indécision, l'État a
préféré subir à lui seul les frais de cette coûteuse expérience. D'où sort la morale qu'il ne faut pas diviser les
responsabilités. Aussi depuis, l'État, m'assure-t-on, a
fait en entier dans ses arsenaux la nouvelle flotte cuirassée,
coques et machines; de sorte que si cette flotte, qui
naturellement a coûté très-cher, ne possède pas un seul
navire ayant pu aborder les criques où, selon la situation
politique qui se préparait depuis dix ou douze ans, nous
avions neuf chances sur dix d'être appelés, nous savons
sur qui en faire retomber la responsabilité. Cela ne nous
a pas avancés à grand'chose dans la guerre où notre marine a joué un si pitoyable rôle; mais enfin, si l'on veut
bien une fois pour toutes profiter des dures leçons que l'expérience nous a infligées, on doit conclure, en se rappelant
l'exemple de *la Gloire*, qui n'est probablement pas le
seul qu'on pourrait invoquer, qu'il ne faut pas mettre deux
constructeurs, l'État et l'Industrie, sur un même navire;
en réfléchissant aux dépenses encourues pour notre flotte

cuirassée et aux faibles services qu'elle nous a rendus, que l'État doit, à jamais, renoncer à faire le métier de constructeur ; qu'il doit confier la construction de ses navires à l'industrie privée qui est sollicitée par la concurrence à faire bien et à bon marché ; qu'il doit faire surveiller ces constructions, non par des ingénieurs frais émoulus des écoles spéciales, mais, si l'on veut, par des ingénieurs de ces écoles ayant blanchi au service de l'industrie et y ayant conquis une réputation honorable et méritée.

On se figure aisément les économies considérables qu'apporterait dans le budget une réforme si importante et si nettement indiquée ! Quelles simplifications, quelles réductions dans l'administration de la marine ! A coup sûr nos députés n'y ont pas songé, car ils n'auraient pas laissé échapper une pareille occasion de préparer le licenciement d'un personnel inutile et la mise en vente d'ateliers et de matériaux qui valent beaucoup d'argent et qui, conservés, sont un prétexte pour brûler la chandelle par les deux bouts. C'est là un métier dans lequel nous avons dépassé depuis de longues années les limites les plus reculées de l'excellence et que, par conséquent, nous ne pouvons avoir ni mérite ni amour-propre à continuer.

III

On comprend bien que l'exemple qui vient d'être rapidement analysé en est un sur beaucoup d'autres. Toutes les administrations de l'État se ressemblent. Au point de vue de la dépense, ce sont des puits sans fond. Au point de vue du rendement, l'effet utile est plus que nul, car ces administrations, non-seulement ne produisent rien qui ne puisse se faire mieux sans leur secours, mais elles sont une entrave à toutes les initiatives individuelles ou collectives. D'où il suit qu'il faut ajouter à ce qu'elles dépensent inutilement, tout ce que produirait ce qu'elles empêchent de faire. Pourquoi l'État conserverait-il la fabrication de la poudre, lorsqu'on sait : « que la poudre fran-
» çaise fabriquée pour l'exploitation à la mine est *plus*
» *chère du double* que les poudres anglaises ou belges ;
» tandis que sa qualité leur *est inférieure* dans un rap-
» port inverse. Le percement des souterrains des chemins
» de fer à l'étranger a révélé ce fait inattendu.» (*Discours d'installation au fauteuil de la Présidence de la Société des ingénieurs civils de M. Eug. Flachat.*)

Peut-on croire que l'administration des tabacs où manque, comme partout, le stimulant de l'intérêt individuel, où chacun a sa case et avance *administrativement*, sans effort, puisse produire des résultats économiques? C'est impossible! Le projet de budget pour 1870 estimait que ces deux fabrications donneraient un rendement de 260 millions pour une dépense de 72 millions environ ou 29 0/0 de la vente ; à quoi il faut ajouter l'intérêt du capital d'établissement des bâtiments et appareils, la dépréciation des uns et des autres, ce qui élèverait probablement la dépense à 40 0/0 de la recette. Or, en supposant que celle-ci ne fût point exagérée, ne croit-on pas que si l'on mettait en adjudication la fabrication des poudres et des tabacs on ne trouverait pas des industriels qui la feraient à meilleur marché en débarrassant l'État d'un nombreux personnel dont il doit assurer la retraite ?

Le service des postes figurait au budget provisoire de 1857 pour une recette de 57 millions et une dépense de 42 millions et demi environ ; au budget de 1870 pour une recette de 89 millions et une dépense de 66 millions ; ce qui établit, à onze ans de distance, le même rapport de 75 0/0 entre la dépense et la recette malgré les économies considérables procurées à ce service par le transport gratuit en chemin de fer, économies qui en 1869 ont été de 27 millions et demi pour 16,200 kil. de chemins de fer en exploitation. Peut-on contester que si au lieu d'être fait par l'État, ce service appartenait à une grande compagnie anonyme stimulée par l'intérêt et par la pensée qu'elle ne pourrait, dans aucun cas, esquiver la responsabilité qui pèserait sur elle, ni s'abriter derrière une juridiction spéciale, peut-on contester que ce service ne fût bientôt mieux fait qu'il ne l'est, et ne procurât à l'État, avec un cahier des charges bien rédigé, un revenu plus considérable en le débarrassant de tout souci et de toute responsabilité ? Avec une compagnie disparaîtrait pour le public la préoccupation du cabinet noir. Le transport des lettres deviendrait une entreprise comme celle des chemins de fer, où l'État n'aurait à intervenir que dans la mesure tracée par son cahier des charges.

Il n'y a pas davantage de raisons pour que l'État garde la télégraphie électrique qui entre ses mains ne prendra jamais l'extension qui lui est réservée et que réclament l'industrie et le commerce. Il n'appartient qu'à une société particulière de chercher et de trouver les voies par lesquelles ce mode de correspondance décuplera ses services et ses recettes. En tous cas, il ne paraîtra difficile à personne que l'on arrive à un résultat plus brillant que celui prévu pour le budget de 1870, qui mettait, en présence, une dépense *certaine* de 10 millions et demi et une recette *probable* de 11 millions.

Bien que la perception des contributions ne coûte pas cher, il n'est pas douteux que ce service ne puisse être simplifié. On a déjà agité la question de savoir si l'on ne confierait pas à la Banque les fonctions attribuées aux trésoriers payeurs généraux. Cette réforme est indiquée et sera accomplie forcément tôt ou tard. On trouvera peut-être aussi le moyen d'économiser les percepteurs et receveurs particuliers de contributions. Lorsque les conseils municipaux sont chargés des répartitions, pourquoi n'y aurait-il pas sous leur contrôle, dans la mairie de chaque localité où se trouve un receveur ou un percepteur, un bureau pour cette collecte qui se confondrait souvent avec celui qui est aujourd'hui chargé d'encaisser les droits d'octroi? On trouverait dans cette disposition une simplification très-grande dans le personnel, et il n'y aurait plus dans chaque localité qu'un bureau constamment le même, facile à trouver où le citoyen viendrait acquitter toutes ses obligations vis-à-vis de l'État. En entrant largement dans cet ordre de réformes, les 300 millions prévus au budget de 1870 pour les dépenses du ministère des finances en dehors des intérêts de la dette, éprouveraient certainement une réduction considérable.

IV

On ne reprochera pas à la France d'avoir jamais été prodigue de ses deniers pour l'instruction publique. Aussi l'on peut voir ce que l'ignorance produit dans les moments de troubles civils par l'exemple de l'assassinat de M. de Money, à Nontron, par l'exemple des citoyens égarés dans les insurrections de nos grandes villes. Il est vrai qu'une instruction incomplète, sans éducation, peut ne rendre les hommes que plus habiles dans le mal et dans les moyens d'échapper à la répression ; et l'on comprend le souci du législateur à qui l'on demande l'instruction obligatoire. Pour le faire cesser, il faut adopter celui des systèmes usités à l'étranger qui a le mieux réussi. C'est l'Allemagne qui, sous ce rapport, est à la tête des nations européennes, et l'on ne peut dire que dans ce pays l'instruction ait rendu les hommes plus difficiles à gouverner. Il n'y a pas de population plus douce et plus disciplinée que la population allemande. Que l'on étudie ce qui a été fait dans ce pays où nous avons beaucoup d'autres leçons à prendre, que l'on fasse la part du caractère national, et, ce détail pris en considération, on pourra arrêter, en connaissance de cause, un système capable de porter de bons fruits.

C'est surtout sur l'instruction primaire que les efforts doivent porter, et l'on pourrait y consacrer, en attendant plus et mieux, les ressources qui résulteraient d'une simplification dans les écoles appartenant à l'enseignement supérieur.

Parmi les écoles de cet ordre, il y en a une qui ne coûte rien à l'État, qui se suffit à elle-même, c'est l'école centrale des Arts et Manufactures. Il faudrait généraliser ce système.

Toute école qui a sa raison d'être doit pouvoir vivre largement du produit des inscriptions payées par les élèves et de la collation des grades. Les autres qui ne servent qu'à payer des cumulards inutiles, doivent être supprimées.

En tant que cours savants faits par des professeurs qui ont d'autres chaires ailleurs, le Conservatoire des Arts et Métiers devrait être supprimé ; on n'y voit d'ailleurs, en majorité, aux cours du soir que ceux qui cherchent à se chauffer gratis et prennent leurs places pour assister à ce qu'ils appellent des cours de chimie et de physique amusantes. Connaît-on d'ailleurs des élèves formés par cet établissement ?

En revanche, l'établissement est superbe, les collections sont magnifiques. Qu'on en fasse une faculté des *sciences appliquées*, se gérant elle-même et vivant de ses produits. Obligée de se tenir en haleine pour retenir sa clientèle, sa prospérité dépassera bientôt celle de l'École centrale qui, moins bien outillée et mal placée, ne pourra soutenir la concurrence. On pourra supprimer en même temps celles des Mines et des Ponts et chaussées, puisqu'il est prouvé, toujours par l'exemple de l'École centrale, que l'on peut faire dans le même établissement les deux spécialités. Ne fait-on pas d'ailleurs des médecins et des chirurgiens à la Faculté de médecine ? La spécialisation des écoles n'a pas d'autre résultat que de créer des établissements coûteux où existent des cours faisant double et triple emploi avec d'autres, et de produire des élèves qui coûtent à l'État des sommes énormes sans la moindre compensation. Maintenir cette spécialisation n'a pas plus de raison d'être que si l'on voulait créer trois écoles de droit, l'une pour les *avocats* et *agréés plaidants*, la seconde pour la *magistrature* debout, et la troisième pour la *magistrature* assise, sous prétexte que les uns sont destinés au service de l'État et les autres à celui du public. Quant aux autres facultés, elles pourraient être établies sur des bases analogues. Les facultés *publiques* des sciences et des lettres étant conservées dans ce nouvel ordre d'idées, permettraient de supprimer l'École normale supérieure et l'École polytechnique dont les cours doivent être identiques à ceux des deux facultés précitées et sont par conséquent inutiles.

V

Nous sommes dans une situation où aucune économie
ne doit être négligée, et ces économies s'obtiendront en
mettant en jeu un principe opposé à celui qui a dominé
jusqu'ici. En effet, tout a été organisé en France en vue
d'un pouvoir centralisateur plus ou moins despotique,
s'appuyant sur une forte administration, absorbant tous
les jours quelque chose de plus des initiatives individuelles et locales, au point que nous pouvions nous attendre,
un jour ou l'autre, à voir l'État s'emparer de toutes les
fonctions sociales et tous les citoyens transformés en fonctionnaires. Ce système a porté ses fruits ; il a commencé
notre ruine *matérielle* et *morale,* qui s'achèverait bientôt
s'il était poursuivi ou maintenu. Cela est inévitable, un
industriel ne maintient son rang et ne progresse que par
un *effort continu.* Il en est de même d'un État, sous peine
de décadence et de mort. Ce qui lui impose l'obligation
de demander, d'exiger cet effort de chaque membre de la
hiérarchie civile et militaire. Chacun sait malheureusement trop bien qu'il en a été autrement. Les grandes
écoles du gouvernement sont des havres où viennent
s'abriter les petits prodiges des colléges et des institutions
privées. Pour s'en faire ouvrir les portes, il suffit de faire

preuve, à dix-sept ans et pendant les quelques années que l'on y passe, d'une excellente mémoire qui va rarement de compagnie avec le sens droit et pratique ; et cet effort fini, à un âge où il ne coûte presque rien à faire, l'élève de l'école du gouvernement a son existence assurée jusqu'à la fin de ses jours, quoi qu'il fasse, et quelque médiocre et paresseux qu'il se montre dans la carrière civile ou militaire qu'il a choisie.

Qui dans le public ou parmi les députés ignore jusqu'où vont la paresse proverbiale et souvent l'impertinence administratives ? Celui qui a eu le malheur d'avoir affaire à l'administration, ne sait que trop combien ses agents sont la plupart du temps introuvables ou intraitables. En effet, s'ils viennent à leur bureau avant de déjeuner, c'est pour faire acte de présence. On ne peut les rencontrer à peu près, à coup sûr, que vers une heure de l'après-midi, et on les chercherait en vain après quatre heures. Mais en revanche il est juste de dire que pendant les trois ou quatre heures de présence qu'ils veulent bien donner à l'État, ils ne font absolument rien, à moins qu'ils ne cherchent, pour avoir plus tôt fait, comment ils pourraient enrayer une affaire importante dont la prompte expédition intéresse la prospérité publique.

Après cela, il n'y a pas à s'étonner de notre défaite. Nous ne pouvions vaincre que des nations comme la Russie et l'Autriche, plus corrompues que la France, plus embourbées qu'elle dans le mandarinisme oriental. Mais nous ne pouvions rien contre une jeune nation disciplinée et dont le principe dans la hiérarchie civile et militaire est la *preuve fréquemment renouvelée de l'effort continu* sous peine de renvoi ou de dégradation.

On pourrait croire qu'il suffirait que la France s'appropriât ce principe pour que l'administration rendît rapidement tous les services que le public a le droit d'exiger d'elle. Ce serait une grave erreur. D'abord le système qui a été suivi a amené à leur tour, par faveur ou droit d'ancienneté, aux positions de chefs de division, chefs et sous-chefs de bureau, d'employé principal, des hommes pour qui l'élévation en grade était *la conquête du droit de faire le moins possible*. Ils sont arrivés à un âge où le pli est pris et la réforme impossible, où se mettre au courant des affaires, au niveau de l'instruction qu'elles réclament, est au-dessus de leurs forces et de leur intelligence. Si vous en voulez la preuve, ayez l'affaire la plus simple possible avec une administration quelconque, vous en attendrez la solution de mois en mois avec une certaine impatience; puis, au bout de trois mois, supposant avec raison qu'elle doit avoir gravi tous les échelons de la hiérarchie administrative, vous vous adressez au directeur du service dont elle relève. Celui-ci n'en a pas la moindre idée. « Il lui en passe d'ailleurs tant sous les yeux que dans le nombre on conçoit que quelques-unes lui échappent. »

Il vous renvoie à un de ses chefs de division qui n'en a pas une idée bien nette, qui est très-occupé, comme le prouve un journal qu'il tient en main, et qui vous conseille de voir son chef de bureau dont c'est l'affaire spéciale. Celui-ci a comme un vague souvenir du dossier; l'affaire a dû recevoir sa solution. Il appelle son sous-chef pour l'aider à préciser ses souvenirs, mais il n'en tire sous ce rapport aucun secours. Le sous-chef suggère simplement que si l'affaire a reçu une solution et a été expédiée, on peut le savoir au secrétariat, et quelquefois, si votre figure lui plaît, vous offre obligeamment d'aller avec vous s'en assurer. On ne découvre rien à la sortie. Mais l'affaire est-elle bien entrée, hasarde-t-il timidement? Nouvelle vérification. L'affaire est entrée au secrétariat et quinze jours après, pas plus, car il n'y a qu'une cour à traverser, la remise du dossier a été faite au service compétent. Voilà qui est précis, et cependant de nouvelles recherches aux diverses étapes du service ne font, le plus souvent, rien découvrir, à moins qu'un archiviste, un employé principal ou secondaire, ou un rédacteur dont c'est le devoir de retenir des idées un peu plus précises sur la situation topographique des affaires, intervenant par hasard, n'aille la chercher sons une montagne de dossiers en retard, accumulés sur la table de l'un ou l'autre des estimables et laborieux chefs du service compétent. Mais là vous attend une nouvelle déconvenue. Si l'affaire n'a que trois mois, et que vous en soyez à votre première démarche pour la faire marcher, vous étant reposé naïvement sur les bureaux pour l'expédier vivement, vous la trouvez au même point que le lendemain du jour où elle sortit du secrétariat. Vous ne pouvez d'ailleurs en bonne conscience élever la prétention qu'un agent de l'administration qui ne vous connaît pas, ne vous a jamais vu, porte à ce qui vous concerne plus d'intérêt que vous-même. C'est à vous de pousser votre affaire, et non à lui.

Si après vous être dérangé souvent, vous êtes parvenu à la faire avancer, ne vous flattez pas encore de la voir aboutir. Ne perdez pas de vue qu'il est plus simple à un agent de l'administration d'arrêter un dossier que de s'en occuper. Pour l'arrêter, il suffit de l'un des mille empêchements, entraves, irrégularités, rubriques, au service de la paresse des bureaux dont vous avez à faire une pénible école si vous voulez arriver au but avant de mourir. Bien heureux encore si on ne juge pas que votre affaire a besoin d'être soumise à une enquête ! Oh ! alors, vous ne pouvez vous imaginer à quels déboires vous allez être exposé, et combien peu de chances vous avez de réussir !

Aux yeux du bon public, l'enquête est une opération qui accuse, de la part de l'administration, un désir consciencieux d'être éclairée avant de se prononcer. C'est encore une naïveté; il n'y a pas, sachez-le bien, de question présentée à l'administration qui n'ait une solution voulue, inévitable, autre que celle que vous poursuivez; soit parce que la routine administrative a des précédents qui l'engagent, soit parce qu'un chef puissant veut faire la politesse d'une solution agréable à un ministre, à un député influent, à un homme bien en cour, à une grande et puissante compagnie, espérant bien qu'un jour ou l'autre, sa politesse lui sera rendue sous une forme ou sous une autre, en influence ou en décorations. Dans le premier cas, quand vous auriez dix fois raison de vous insurger contre la routine, vous êtes toisé d'avance. L'administration à tous les degrés est bien dressée, les commissaires enquêteurs bien choisis, et l'enquête donne forcément un résultat qui vous est contraire.

Dans le second cas, si vous avez égalemeat raison, l'affaire est plus délicate. Il ne s'agit plus ici de s'encroûter dans un ordre de chose défectueux auquel tout le monde est habitué, prête facilement les mains et qui affermit l'administration dans son système, dans ses idées rétrogrades en dégageant sa responsabilité; il s'agit d'un acte arbitraire auquel il faut donner un semblant de raison et finalement la sanction des résultats d'un enquête; de telle façon que le représentant de l'administration puisse vous dire : Votre affaire est délicate; une enquête est nécessaire; on ne peut prévoir ce qui en sortira... En attendant fiez-vous à lui pour la présenter sous un jour qui la rende au moins douteuse aux yeux des gens, et on ne s'adresse qu'à ceux-là, qui n'ont ni le temps, ni l'intelligence, ni les connaissances nécessaires pour la comprendre et qui ont au contraire toutes les raisons possibles de lui être soumis ou agréable. Là encore, à moins que vous n'opposiez ministre à ministre, député à député, que vous ne démasquiez les batteries de votre adversaire, que vous n'attaquiez la composition des commissions et leur manière de procéder, que vous n'obteniez, contre toutes les règles *administratives*, communication des nombreux et hostiles rapports que l'on garde secrets généralement pour éviter une réfutation facile, ce qui enleverait à l'instruction une partie de son autorité contre vous, à moins que vous ne fassiez du tapage au point d'attirer l'attention de la presse, dont l'administration a grand'peur, *on ne le sait pas assez,* à moins de réunir toutes ces conditions à peu près irréalisables, vous êtes écrasé sans que vous puissiez incriminer l'administration qui, à l'abri des formalités sans fin dont elle couvre les actes les plus odieusement arbitraires et sa responsabilité, vous répond : *L'enquête a prononcé...*

Essayez donc de réformer une administration ainsi faite, vous y perdrez votre temps et vos peines. Quand un ministre nouveau entre dans un ministère avec de bonnes intentions et la persuasion qu'il y a quelque chose à faire, veut voir par lui-même et prendre des décisions en connaissance de cause, l'administration a, pour le dégoûter des réformes, un procédé qui ne manque jamais son effet.

Par suite de l'abus de la centralisation, il arrive tous les jours dans chaque ministère un volume de correspondance et de dossiers, dont on ne peut se faire une idée sans l'avoir vu. Dans les circonstances ordinaires, ces dossiers vont se distribuer dans un grand nombre de bureaux qui leur donnent, avec la sage lenteur qui préside à tous leurs actes, la direction qui leur convient ou qui convient aux chefs de services, directeurs ou directeurs généraux ; ce qui se fait sous forme de lettres que le ministre signe le plus souvent, sans y regarder. Mais s'il veut y voir clair, on l'accable sous le poids des dossiers, on lui demande des instructions pour ceci, pour cela, sur des questions auxquelles il n'est pas préparé, et n'entend rien ou pas grand'chose. Il faut qu'il y renonce ou qu'il *suspende l'expédition des affaires* !... Or, en présence de la responsabilité que ce dernier parti ferait peser sur lui, il préfère s'abstenir et se résigner au rôle grassement payé de machine à signer de la puissante administration.

Ainsi, aux yeux du vulgaire, le gouvernement est l'association d'individus, roi ou président et ministres, à laquelle la nation confie la direction de ses affaires, et l'administration *l'instrument* à l'aide duquel cette direction est assurée. On voit, par ce qui précède, combien cette erreur est grande. Aujourd'hui le gouvernement réel, c'est l'ADMINISTRATION ; ce qui en porte le titre n'est que l'écran derrière lequel elle abrite l'irresponsabilité de ses actes. Aussi, quand les affaires vont mal, on voit ce que valent les fictions constitutionnelles ; les ministres s'en vont naturellement, mais souvent aussi le monarque qu'ils devaient garantir est emporté par le souffle populaire, suivant l'expression consacrée. Quant à la sacrosainte impersonnelle et irresponsable administration, d'où vient, sinon tout, du moins la plus grande partie du mal, elle survit à tous les désastres, se retrempe vigoureusement dans chaque nouveau malheur qui frappe la patrie et attend tranquillement, dans le calme de la force et avec la conscience de son indispensabilité, qu'on lui donne un nouvel écran plus perfectionné que l'ancien, lui permettant d'augmenter son cadre, d'accroître le nombre des affaires de son domaine en rognant de plus en plus l'initiative locale et individuelle, et préparant ainsi, sans qu'elle s'en doute, à plus courte échéance que la précédente, une nouvelle révolution par son arbitraire, sa routine, sa paresse et son incurie.

Cependant, si quelques voix délaissées se sont élevées contre elle à chaque changement de gouvernement sans trouver d'écho, cette fois l'immensité de nos désastres a ouvert bien des yeux, on a vu clairement où conduisait l'abus de la centralisation administrative, et l'on veut décentraliser. C'est très-bien. Mais que l'on ne perde pas de vue que la bureaucratie de nos préfectures ne vaut pas mieux que celles de Paris, et que la décentralisation doit surtout consister à empêcher le gouvernement de se mêler de ce qui ne le regarde pas, à supprimer une masse d'attributions dont il s'est emparé, bref, de nous gouverner, de nous diriger le moins possible. En entrant dans cette voie, on donnera pleine carrière aux initiatives jusqu'ici étouffées ; on n'attendra plus la permission du gouvernement pour faire ce qu'il empêchait à tort d'entreprendre ; le pays produira plus et dépensera moins : double résultat auquel nous devons viser avant tout et qui ne peut être obtenu qu'en faisant un meilleur emploi des forces sociales et en écartant les causes qui les empêchaient d'entrer en action.

VI

Pourquoi, par exemple, l'État s'occuperait-il des cultes, et y aurait-il un ministère de ce nom ? Pourquoi ne laisserait-il pas à chacun le soin de soutenir sa foi et son clergé ? Craint-on que les églises et les temples soient délaissés et que les desservants meurent de faim s'ils ne reçoivent pas de l'État leurs moyens d'existence ? Si *oui*, vous imposez à la nation le spectacle d'une immense hypocrisie, et vous donnez le droit de dire aux hommes de peu de foi que la religion est morte, qu'elle ne vit et ne peut vivre que d'une vie factice ; ce qui jette sur l'habit religieux une déconsidération qui se reflète sur la religion et qui recrute tous les jours des adhérents au parti des sceptiques. Si *non*, vous empêchez la religion et ses prêtres ou pasteurs de reconquérir leur indépendance, leur dignité, leur prestige, qui seuls peuvent retenir les indécis, et ramener par l'entraînement de l'exemple un grand nombre d'indifférents.

Laissons donc les cultes à leur entière liberté, et revenons aux traditions qui ont fait leur force ; que le clergé catholique nomme lui-même ses évêques et reçoive d'eux sa direction spirituelle et temporelle. Il y aura de la sorte un article important qui disparaîtra du budget, sans disparaître complétement du chiffre des dépenses sociales, mais qui économisera à l'État un ministère et des agents désormais inutiles, le débarrassera d'une responsabilité morale et financière qu'il peut très-bien s'épargner et lui enlèvera tout prétexte d'intervenir dans la querelle du Pape avec l'Italie.

VII

A quoi bon un ministère pour l'agriculture et le commerce, si ce n'est à entraver l'un et l'autre par une immixtion intempestive, et à fournir le prétexte de demandes d'encouragements dont on doit apprendre à se passer, ou de faire des traités sans consulter les parties intéressées? Des congrès indépendants annuels des chambres de commerce et des sociétés régionales d'agriculture feront plus et mieux que l'État auquel suffiront quelques bureaux au ministère de l'intérieur ou des finances, pour remplir les attributions très-restreintes, les plus restreintes possibles, auxquelles il devra se borner.

Quant au ministère des travaux publics, il a pris sous l'Empire une importance qui s'explique, *sans se justifier*, par le projet longuement caressé et hautement avoué d'englober un jour l'exploitation de toutes les lignes de chemins de fer. Au point de vue de l'économie politique, un État qui se charge de l'industrie des transports commet une grosse hérésie. C'est un nouveau pas très-grave dans la voie qui lui attribue une des fonctions naturelles les plus importantes du commerce et de l'industrie. L'État aurait à ce compte des usines pour fabriquer des câbles, des coques de navire, des machines à vapeur, du tabac,

des administrations pour le transport des lettres et la transmission des dépêches télégraphiques, *on sait à quel prix!*
Il y ajouterait donc l'industrie des transports des hommes
et des choses, les grands ateliers de réparation du matériel des chemins de fer ; mais tôt ou tard, pour assurer son exploitation et un avenir *certain* à ses ingénieurs
en échange d'un bon examen à l'âge de 17 ans, disposition aussi morale que juste, dont nous avons vu les heureux effets dans notre dernière guerre, l'État serait infailliblement entraîné à s'emparer, par expropriation pour
cause d'utilité publique, de grands ateliers comme ceux
du Creuzot où il fabriquerait ses machines et wagons, et
des mines de houille qui s'y rattachent.

Mais peut-on avoir la charge d'un personnel aussi
nombreux que le comporte un tel régime sans que l'on ait
le cœur serré à l'idée qu'il pourrait manquer de pain dans
les années de disette? Et une administration paternelle
n'a-t-elle pas le devoir de conjurer une si effroyable
éventualité ? Donc, aux chemins de fer serait bientôt annexée une grande exploitation agricole qui produirait du
blé, aurait des magasins, des minoteries, des boulangeries, où l'ouvrier et les agents de tous grades trouveraient
le pain quotidien au prix coûtant comme avance sur leur
salaire. On ne ferait d'ailleurs que continuer ce qui existe
au chemin de fer du Midi, où un magasin général fournit
aux agents (même supérieurs) tout ce qui est nécessaire
à la vie, nourriture, boisson, vêtements. Mais pourquoi
l'État bornerait-il les effets de sa bienfaisante sollicitude
aux seuls employés de chemins de fer? Pourquoi tous ses
autres agents ne seraient-ils pas admis à jouir des mêmes
avantages? Une fois entré dans cette voie, impossible d'échapper à l'obligation de la parcourir jusqu'au bout;
l'État est forcé de fabriquer et de vendre à tous ses agents
sans exception, toutes les choses nécessaires à la vie, et

l'on se demande ce que deviendraient les industriels qui fabriquent et les commerçants qui débitent les marchandises similaires, privés comme ils le seraient d'une clientèle immense augmentant tous les jours par de nouvelles absorptions ! Que rapporterait à l'État une si colossale exploitation où le stimulant de l'intérêt individuel aurait disparu ? Il n'y a aucun mérite à le prévoir, car l'expérience est faite déjà sur une assez grande échelle ; et l'on peut dire que les chemins de fer qui ont donné en 1867 un revenu net de plus de 300 millions, rapporteraient ce que rapportent nos arsenaux, la poste, le télégraphe. Rien. C'est-à-dire une nouvelle ruine plus grande à ajouter aux désastres de 1870, dus à ce qu'on nomme l'abus de la centralisation administrative, abus qui n'est rien à côté de celui que recèle le projet communiste de l'absorption par l'État de toutes les grandes industries, conséquence forcée de l'absorption des chemins de fer, pour la plus grande gloire et le bien-être des mandarins de toutes classes de l'administration des travaux publics.

Ce projet est insensé, et cependant il est, depuis 1853, poursuivi avec une persévérance qui ne s'est jamais démentie. L'écrasement systématique de toute initiative individuelle ; l'interdiction à tout particulier de faire des études de chemins de fer sans l'autorisation de l'administration, la constitution des grandes compagnies en six grands réseaux présentée faussement comme un moyen d'achever rapidement et *à bon marché* le réseau de l'empire, en écartant la concurrence considérée partout ailleurs comme le nerf de toutes les industries ; la nomination, aux premiers postes des compagnies, des ingénieurs de l'État, même de ceux que leurs antécédents rendent incapables d'exercer une direction effective ; l'abus de grosses subventions et de garanties qui deviennent effectives et qui menacent aujourd'hui de compliquer gravement la situation ; tout cela a été fait en vue de forcer un jour la main aux chambres et de les amener, bon gré mal gré, à s'arrêter au projet poursuivi, que l'on est préparé à donner, comme une solution à toutes les difficultés accumulées comme à plaisir. Il est au moins permis de douter que cette solution ait les vertus qu'on lui suppose, et qu'elle puisse seulement dénouer les difficultés de la situation présente; mais ce que l'on peut affirmer avec certitude, c'est qu'elle tient dans ses flancs pour l'avenir une nouvelle ruine. On ne tardera pas à s'en apercevoir et à faire à ses promoteurs acharnés les compliments que mérite leur incomparable légèreté.

VIII

Si au lieu de demander à l'établissement de mons-
trueux monopoles le développement de nos voies ferrées,
si au lieu d'y rattacher les finances de l'État par la soli-
darité fâcheuse à tous égards de la garantie, on se fût
adressé à la concurrence, il n'est pas douteux que, grâce
à ce levier puissant, dont on a tiré ailleurs un si grand parti,
le réseau français eût été, à l'heure présente, plus avancé ;
l'industrie et le commerce n'eussent pas été livrés avec la
batellerie, pieds et poings liés, à la merci de compagnies
puissantes, de deux surtout, subalternisant toutes les autres et exploitant, à elles seules, plus de la moitié du
pays, et s'entendant pour faire parcourir aux voyageurs
et aux marchandises les plus grandes distances possibles
sur leurs réseaux respectifs. Cette situation intolérable ne
peut durer. Plus que jamais, il y va de l'avenir de l'industrie française et de la fortune du pays ; et il faudra,
sous **peu**, s'occuper absolument d'y mettre un terme. Il
va sans dire que le moyen ne peut consister dans la reprise et l'exploitation des chemins de fer par l'État. Le
remède serait pire que le mal. Mais on pourra, sans doute,
se servir soit du droit de rachat, soit du droit plus général de l'expropriation pour cause d'utilité publique

comme moyens indirects de remanier complétement les grands réseaux de chemins de fer.

Pour en venir là , il faudrait d'abord bien se persuader que, quoi que l'on dise de la manière dont sont exploités les deux grands réseaux de Lyon et d'Orléans, leur importance est telle qu'il n'y a pas d'hommes capables de les diriger avec la possibilité d'en tirer le maximum de rendement. La raison en est que dans ce cas les administrations de ces compagnies prennent inévitablement, à un certain degré, *le caractère et les allures des administrations publiques*. Les individualités s'y perdent dans des cadres trop étendus, et n'ayant que peu ou pas de chances d'être distinguées malgré leurs efforts , voyant les meilleures places prises d'emblée, comme par droit de naissance, par les jeunes ingénieurs sortant inexpérimentés des écoles de l'État, elles ne s'intéressent pas au succès de l'entreprise et ne font juste que ce qu'il faut faire pour ne pas être congédiées.

On voit, par là, que la question des frais généraux n'était pas, tant s'en faut, la seule à considérer dans l'extension qu'on a voulu donner aux réseaux, et que l'on a dépassé le but en en faisant le prétexte à l'établissement de réseaux de 5 à 6,000 kilomètres.

Avec 1,000 ou 1,200 kilomètres, un homme capable, expérimenté, travailleur, en a autant qu'il lui en faut pour être bien occupé, connaître suffisamment son personnel pour en tirer le meilleur parti, et atteindre le rapport le plus avantageux possible de la recette à la dépense.

Cela posé, tout homme intelligent comprendra immédiatement le parti que l'on peut tirer de la situation pour exonérer l'État de lourdes garanties, et rendre aux transports leurs directions naturelles les plus favorables à la vitesse et au meilleur marché. Puisque l'on ne peut douter qu'une meilleure distribution de nos lignes ferrées en réseaux limités à 1,000 ou 1,200 kilomètres donnerait de meilleurs produits, il s'ensuit qu'en rachetant toutes les lignes et les remettant aussitôt en adjudication, d'après un groupement bien étudié d'avance, et les complétant, au besoin, par de nouvelles concessions faites dans des conditions nouvelles, *qui, sans rien demander à l'État, viendraient puissamment en aide aux compagnies nouvelles,* on arriverait, à coup sûr, à ce résultat : *que le prix de la vente dépasserait le chiffre de la capitalisation du rendement net actuel,* dont il faudrait d'ailleurs retrancher les sommes nécessaires aux renouvellements, et *l'État trouverait dans cette plus-value l'exonération de ses garanties et peut-être aussi de ses subventions.*

Quant au groupement, il doit être fondé sur ce double principe : 1° que les *mêmes* administrateurs ne pourraient appartenir à *plusieurs compagnies* ; 2° qu'un même réseau ne pourrait se développer dans tous les sens dans *la même* région du pays, afin de ne pas rendre, comme aujourd'hui, cette région absolument tributaire d'une même compagnie qui peut, à son gré, favoriser tel industriel aux dépens de tel autre, et y faire absolument la loi au commerce et à l'industrie. On pourrait conserver les grandes lignes partant de Paris, les prolongeant toutes jusqu'aux frontières et affectant chacune d'elles à une compagnie différente ; et ce système politique et administratif, plutôt que commercial, satisfait, rétablir par de grandes voies départementales indépendantes, du nord au sud, de l'est à l'ouest, les relations directes existant autrefois, par les routes impériales, entre les grands centres provinciaux.

Ainsi, on ne ferait qu'une ligne unique, appartenant à la même compagnie, des directions : *Bordeaux-Marseille, — Havre-Bordeaux, — Saint-Nazaire-Suisse ;*

par Nantes, Angers, Tours, Bourges, Nevers, Mâcon, Bourg, etc. On rétablirait ainsi en province une activité et une facilité de rapports que la distribution actuelle des réseaux rend impossible, et qui correspondraient heureusement à la décentralisation administrative dont on a trop généralement senti l'utilité, dans ces derniers temps, pour ne pas l'aborder résolûment et l'effectuer largement.

Il y a, dans l'étude de cette grave question, de quoi tenter le patriotisme actif et intelligent de députés rompus aux affaires, comme MM. Pouyer-Quertier, Jules Brame, Victor Lefranc, Germain, Bethmont, etc. ; surtout quand ils auront reconnu dans la combinaison proposée, outre les avantages déjà mentionnés, celui de constituer un système plus favorable à la défense du pays, et cet autre qui n'est pas à dédaigner, qu'elle serait certainement l'occasion d'un élan considérable donné aux affaires qui demandent du nouveau, et à la reprise de l'activité industrielle sur toute l'étendue du territoire.

A l'exception du ministère de la guerre et de ses cadres bourrés des élèves des grandes écoles de l'État, et qui ont produit les beaux résultats que l'on sait par le système chinois du *far niente administratif*, de *l'admiration* et *de l'aveuglement mutuels*, protégés par la sécurité absolue des positions et *l'avancement à l'ancienneté et à la faveur ;* à l'exception de cet estimable ministère, si bien apprécié par M. F. de Suzanne, dans sa brochure « *Sur la cause de nos désastres,* » il n'y a pas d'administration, calquée d'ailleurs sur les mêmes errements, se recrutant de la même manière, qui ait pris sous l'Empire plus de développements que celle des *travaux publics,* et je dois ajouter, de développements plus nuisibles à la prospérité générale. Ce qu'elle a gaspillé et fait gaspiller d'argent est énorme; ce qu'elle a fait perdre au pays en arrêtant, par un système absurde, l'élan de l'initiative privée, est incalculable.

Les travaux faits par l'État sont une grande école où l'on n'apprend rien, où de jeunes ingénieurs, tous frais émoulus de l'école, *chargés immédiatement de diriger des services*, refont constamment les mêmes expériences coûteuses aux dépens des contribuables ; où les ingénieurs anciens s'admirant, suivant la règle, ne songeant nullement qu'ils puissent être dépassés, ce qui est vrai, à un certain point de vue, disputent aux jeunes la palme de la dépense.

On voit toujours, sous ce bienheureux régime que le monde entier nous envie (*stéréotypé*), des travaux, qui ailleurs se font en quelques années, s'éterniser pendant 10, 20, 30 ans et plus, s'élever, par les frais de personnel et d'entretien, les épuisements, l'intérêt des sommes dépensées, avant qu'ils soient utilisés, à des prix dépassant toutes prévisions et toute croyance. Pour être juste, il faut dire cependant qu'une partie du mal est due à l'émiettement des allocations budgétaires fait à un double point de vue : occuper à quelque chose un nombre exagéré d'ingénieurs et surtout mettre à la disposition des députés officiels ou agréables la répartition des fonds, répartition qui se fait dans diverses localités à ramener ou à maintenir dans la bonne voie, en sommes suffisantes pour satisfaire d'influents appétits, mais insuffisantes pour un avancement sensible et utile dans les travaux.

On voit, par là, comment *le système représentatif est lié étroitement au système administratif*, et combien il importe de les modifier l'un et l'autre pour mettre un terme à la dilapidation des deniers publics, rendre nos députés indépendants du pouvoir exécutif et des influences locales, et les mettre entièrement au service des intérêts généraux.

Dans son discours déjà cité, l'éminent ingénieur, M. Eug. Flachat, rapporte que l'administration, ayant fait faire le devis des travaux extraordinaires indispensables dans 37 ports de France, trouva que le chiffre des dépenses s'élèverait à 72,274,000 fr. Sur cette somme, le budget de 1867 ne put donner qu'une allocation générale de dix millions qui remet à sept ans la fin de ces travaux, au minimum, mais plus probablement à une vingtaine d'années, si l'on a égard à cette double considération que les devis de l'État sont toujours considérablement dépassés et que bien des travaux auront à être refaits avant d'avoir été finis.

Pour montrer ce que l'intérêt de notre marine commerciale peut attendre du budget et de l'administration, M. Flachat fait les rapprochements suivants entre les sommes utiles à chacun de nos principaux ports et les sommes allouées :

	Sommes nécessaires.	Allocations.
Dunkerque	12,700.000	500.000
Havre	5,140,000	1,000,000
Brest	7,500,000	900,000
Saint-Nazaire	14,490,000	900.000
Bordeaux	3,055,000	300,000
Marseille	6,575,000	1,350,000
Les phares	1,170,000	400,000

A ce compte, on voit que Dunkerque en a pour 25 ans, Saint-Nazaire pour 15 ans, Bordeaux pour 10 ans, avant de voir la fin de travaux utiles pressants. Ici, en même temps que le vice du système des allocations morcelées, éclate l'insuffisance de l'État, malgré de gros budgets, à donner aux travaux publics les développements qu'ils réclament. Ce qui suggère à M. Flachat les réflexions suivantes :

« Qui nous donnera des ports ? Quelle est la combi-

» naison financière dont il faut les attendre? En est-il
» une à laquelle la participation de l'industrie ne soit pas
» indispensable?

» Plaçons à côté du besoin et de l'impossibilité appa-
» rente d'y satisfaire, un grand exemple. *Deux compa-*
» *gnies de chemins de fer de second ordre* ont, en
» Angleterre, construit deux ports, ceux de Grimsby et
» de Hartlepool. Elles y ont dépensé 56,600,000 francs.
» CES DEUX PORTS SONT DES MODÈLES. Ils sont
» ouverts à toutes les marines. Les installations de bassins,
» quais et appareils mécaniques, y sont telles qu'un
» *navire* n'y reste pas pour y prendre un chargement de
» 5 *à* 800 *tonnes* beaucoup plus d'heures que n'en reste
» un wagon de 10 tonnes dans les gares de chemins de fer
» pour laisser et reprendre son chargement. C'est donc en
» greffant un grand intérêt sur un autre intérêt plus grand
» et plein de vitalité que l'Angleterre a obtenu deux beaux
» ports. Ce ne sont pas les seuls dont l'industrie des che-
» mins de fer l'ait gratifiée.

» Il faut, cette fois encore, en appeler du budget au
» concours de l'industrie. »

A côté de ce bel exemple, voici la contre-partie française :

Il y a dix ou douze ans, une compagnie s'était formée
à Nantes, parmi les principaux armateurs de cette ville,
pour exécuter à Saint-Nazaire, *en dehors du gouverne-*
ment, SANS SUBVENTION ET SANS GARANTIE (quel
mauvais exemple!), un vaste port sur le modèle de ceux
dont il vient d'être question. Cette compagnie trouvait,
en partie, les éléments rémunérateurs de sa combinaison
dans une opération de terrains. Elle avait été accueillie
avec faveur et encouragée par l'Empereur qui, malgré des
torts graves incontestables, savait tous les avantages que
la France pouvait tirer, en matière d'industrie et de

commerce, de la méthode anglaise. Mais le bon vouloir du chef de l'État, la persistance de la compagnie échouèrent contre l'inertie des bureaux ; l'administration des ponts et chaussées ayant vu dans le projet de la compagnie une tentative de la dépouiller du monopole de la construction des ports, outil industriel et commercial s'il en fut, et qui ne remplit les conditions voulues que lorsqu'il est établi par ceux-là même qui sont appelés à s'en servir.

Ainsi, dans l'intérêt d'un corps puissant, l'État a perdu une magnifique occasion de faire une grande économie, et le commerce a perdu peut-être le seul port qui lui eût donné complète et *rapide satisfaction.*

Ce fait, que je tiens d'un député du pays, montre deux choses : 1° le compte que l'administration tient des intérêts du pays ; 2° la part grave qui lui revient dans les fautes reprochées aux divers gouvernements qui se sont succédé. Je pourrais multiplier les exemples d'actes tout aussi peu méritoires ; mais cela m'entraînerait hors des limites dans lesquelles je dois me renfermer. Je me contenterai de dire, pour clore ce sujet : « *ab uno disce omnes* », en faisant remarquer que jamais, depuis qu'il existe, le vieil adage n'a trouvé une application plus exacte.

IX

L'épreuve que nous subissons est trop cruelle pour que
nous puissions jamais oublier que nous la devons à l'extension indéfinie de l'administration centralisée jusqu'à l'absurde et au principe même de recrutement et
d'avancement de ses agents. Que l'expérience nous ap-
prenne à devenir pratiques, et n'oublions plus ce que
savent si bien nos vainqueurs, qu'un brillant examen, que
les succès d'un *adolescent* dans les colléges et les grandes
écoles ne sont nullement une garantie que cet adolescent
fera plus tard un homme d'une véritable valeur. Tous
ceux qui ont manié un grand personnel de toutes les
provenances savent le contraire. Les esprits droits, sûrs,
sont ceux qui se développent le plus tard ; et tel qui était un
élève médiocre à vingt-deux ans, est souvent à trente ans
un homme distingué. N'oublions pas non plus que la lutte,
l'effort continus sont les conditions *absolument nécessaires*
au développement de toutes les capacités intellectuelles,
comme l'exercice gymnastique est indispensable au développement des forces musculaires ; de telle sorte que, garantir aux élèves militaires ou civils de nos grandes écoles
du gouvernement une existence plus ou moins confor-
table et un avancement *certain*, sans lutte, sans effort,

sans péril de révocation, sans des examens répétés avant de passer d'un grade au grade supérieur, c'est les exposer à coup sûr à devenir, malgré leurs antécédents, malgré une capacité réelle *latente*, des hommes médiocres, de mauvais serviteurs de l'État qui nous réveillent un jour pour sonder avec terreur l'abîme où ils nous ont plongés. Donc plus d'écoles privilégiées, plus de positions assurées quand même à qui ne les mérite pas. L'État n'a pas le droit de faire des expériences avec notre argent. Si malgré les réformes auxquelles on va être obligé de recourir, il a encore besoin d'ingénieurs, comme contrôleurs où juges, qu'il n'en prenne plus en herbe, qu'il requière les services d'hommes expérimentés ayant fait leurs preuves dans l'industrie, exposés pendant des années à cette lutte de tous les instants qui fait les athlètes et les hommes de mérite. D'ailleurs, il faut qu'un nouveau principe soit inauguré dans les postes de l'État, *celui du dévouement*. Il faut absolument multiplier les postes à titre simplement honorifique ; et je réponds que la nation française, malgré son abaissement, est encore assez riche en cœurs nobles, chevaleresques, pour trouver des candidats. Qu'aucune autre carrière de l'État ne puisse désormais être poursuivie comme offrant une position enviable ; que l'on sache bien qu'à l'avenir l'État rétribuera peu, le moins possible, et qu'il ne donnera à ses élus, de réellement désirable, que la considération due à leur dévouement et à l'éclat des services rendus. Ce système, aussi sage que rationnel, lui assurera les services d'hommes distingués à tous les points de vue, lui procurera des économies considérables, et guérira le pays de ce chancre de la fonctionmanie qui nous a valu d'être appelés justement les *Chinois de l'Occident*.

X

L'administration de la justice appelle aussi une réforme
urgente capable d'élever le niveau intellectuel de son
personnel tout en le rétribuant mieux et faisant en même
temps des économies. Aujourd'hui les positions des tribunaux civils, modestement rétribuées, sont recherchées
par des bourgeois ayant une petite fortune et qui n'ambi-
tionnent avant tout que la vie calme, uniforme et peu occu-
pée de la ville natale, avec le respect, la considération
qui s'attachent naturellement à la magistrature. On se
résout, pour commencer, à accepter le poste de juge dans
une localité éloignée, on guette soigneusement les vacan-
ces ou mutations qui peuvent se produire dans celle où
l'on veut arriver, et avec un peu de patience on atteint
infailliblement son but, et d'autant mieux, si je suis bien
informé, que l'administration centrale se prête complai-
samment à ces petites combinaisons. On trône alors comme
président ou simple juge dans un tribunal où les affaires
ne fournissent pas matière à plus de deux séances de quelques heures par semaine ; et le reste du temps on se pro-
mène, on va à la pêche, on s'occupe nonchalamment de
beaucoup de petites choses de la vie de province également
incapables d'exercer l'esprit utilement et de le fortifier.

Si l'on veut bien ne pas perdre de vue que l'homme ne prend de valeur que par un travail assidu, que par un effort continu, on se rend aisément compte de ce que d it devenir une magistrature livrée à un régime intellectuel si débilitant ; on mesure avec effroi le nombre considérable d'affaires mal étudiées, obscurcies par les petites coteries auxquelles un juge, tout comme un autre, ne peut s'empêcher d'appartenir, et par conséquent mal jugées.

Heureusement il y a un remède facile à cet état de choses, et la Chambre serait bien coupable de ne pas l'employer. Quand on s'intéresse aux affaires du pays, on doit savoir qu'il se rencontre toujours sur des lignes de chemins de fer des tribunaux civils à des distances de trente à quarante kilomètres. Que l'on supprime le personnel qui y est attaché après avoir soigneusement trié le personnel d'une cour ambulante que l'on chargera de six tribunaux. Avec le petit nombre d'affaires porté devant chacun d'eux et les facilités que donnent les chemins de fer, ce nouveau tribunal, payé double ou triple, pourra siéger chaque jour dans une localité différente. Il se composera forcément d'hommes actifs, travailleurs, soustraits aux influences locales, qui rendront bonne et prompte justice et coûteront moins à l'État.

Une autre solution a été souvent proposée. Elle consisterait à profiter des voies ferrées pour supprimer un certain nombre de tribunaux, et à les remplacer par un seul aussi central que possible, par rapport aux précédents. Cette solution a deux graves inconvénients : elle rendrait sédentaires les juges de ce tribunal dans une petite ville de province, les soumettrait à l'influence des coteries qui y sont aussi inévitables que pernicieuses ; elle soumettrait les plaidants à des déplacements longs et coûteux. Je soupçonne fortement que cette idée a été mise en circulation par des administrateurs de compagnies dont les chemins de fer profiteraient naturellement beaucoup de la circulation créée par un tel système. Mais ce pauvre peuple, déjà si éprouvé et qui va l'être encore par les lourdes contributions qu'on sera forcé de lui appliquer, m'intéresse beaucoup plus que les compagnies de chemins de fer, et j'espère qu'on préférera un projet, qui, en l'exposant à moins de déplacements et de dépenses, l'appellera devant une cour lui offrant, par sa constitution nouvelle, plus de garanties d'impartialité. Il faudrait, d'après le même principe, modifier les justices de paix. Ces tribunaux comme les précédents sont ceux avec lesquels les populations viennent le plus fréquemment en contact et dont par conséquent l'organisation les intéresse le plus. Quant aux autres, je laisse à de plus compétents de proposer les réformes qu'ils pourraient nécessiter. Je me contenterai de faire observer que les mêmes principes doivent être communs à tous. Il faut mettre le personnel dans une situation qui le force à étudier toujours et beaucoup et qui le rende indépendant des influences locales et *des pressions administratives*, qu'une longue expérience nous a fait voir s'exerçant toujours dans un sens contraire à la morale et aux véritables intérêts du pays.

XI

Il ne nous reste plus à examiner que le ministère de l'intérieur et ce qui s'y rattache.

Si l'on veut que le télégraphe devienne un instrument puissant entre les mains du commerce et de l'industrie, au lieu d'être avant tout un appareil gouvernemental entre les mains du ministère de l'intérieur, qu'on le livre à l'industrie privée en stipulant pour l'État toutes les garanties raisonnables qu'il recherche en détenant ce moyen de correspondance. Je réponds qu'au bout de quelques années, ce service aura pris une extension énorme et qu'au lieu de balancer à peu près ses recettes et ses dépenses, comme il le fait aujourd'hui, il donnera de gros bénéfices, dont l'État pourrait se réserver une partie.

Si, d'un autre côté, on veut réduire le montant des dépenses du ministère, porté au budget provisoire de 1870 pour 73 millions, il faut procéder à une décentralisation sérieuse et à la suppression des tribunaux administratifs, comme les conseils de préfecture, qui ne font rien que les tribunaux ordinaires ne puissent faire entrer dans leur compétence. Dans cet ordre d'idées, les sous-préfectures, qu'il a été déjà question de supprimer, disparaîtront définitivement ; les hôtels que l'on a construits pour les y loger, pourront fréquemment remplacer, avec avantage, les hôtels de ville de certaines localités. Il y aura, dans tous les cas, des locaux rendus disponibles dont l'État pourra se défaire avec profit. Quant aux préfets, si l'on donne aux mairies les attributions qui appartiennent à cette institution dans quelques pays voisins, si l'on étend aussi les attributions des conseils généraux, ils auraient si peu de chose à faire que ce ne serait vraiment pas la peine de les conserver. On pourrait joindre ce qui leur resterait d'attributions à celles des maires des chefs-lieux choisis par le gouvernement dans les membres du conseil municipal. Dans un pays comme la France, où, fort heureusement, malgré les criailleries bêtes de certains républicains, on attache toujours beaucoup de prix aux distinctions honorifiques, on trouvera toujours des hommes capables et désireux de remplir gratuitement de telles fonctions (1). Ces hommes se trouvent dans une classe improprement appelée *bourgeoisie*, qui demande *au travail*, *à l'épargne* la tranquillité, la sécurité pour elle et ses enfants. Elle se recrute dans cette partie de la noblesse qui a pensé qu'elle avait autre chose à faire que jouir, de rêver à ses ancêtres et de caresser une restauration impossible, dans le peuple des villes et des campagnes. Avec ces divers éléments, bien unis dans une pensée *d'ordre* et non *de parti*, elle a la *force ;* car elle est la plus nombreuse, et c'est parmi les siens qu'ont été pris les fonctionnaires civils ou militaires et la majeure partie des cadres de l'armée. Son esprit, qui a un peu vacillé, ce qui est bien permis dans l'état révolutionnaire

(1) Quant aux adjoints, comme ils sont, ainsi que leur nom l'indique, des aides donnés aux maires pour les aider dans l'accomplissement de leurs fonctions; que la nomination de ces aides ne peut logiquement être laissée aux hasards du scrutin qui pourrait donner aux maires des hommes qui l'entraveraient au lieu de l'aider, il faudrait   loi laissât à ceux-ci le droit de les choisir.

où nous vivons depuis quatre-vingts ans, est au fond libé-
ral et nettement opposé au despotisme d'en haut comme
à celui d'en bas ; ce qui lui a valu d'être menacée, avant la
guerre, par une coalition de l'Empire avec l'Internationale,
et assaillie, après la paix, par la plus épouvantable insurrection que l'histoire ait enregistrée depuis longtemps. Il
n'y a pas à s'y tromper. C'est elle que cette plèbe immonde,
grossière, associée à tous les forçats de l'Europe en rup-
ture de ban, excitée par les forbans de plume, par des
flatteurs qui se sont élevés jusqu'aux bancs de la représentation nationale, c'est elle que ces brigands ont voulu
atteindre par ces orgies de la destruction qui étonneraient
un sauvage de la pire espèce. Le nombre d'établissements
et hôtels particuliers incendiés en fait foi au même degré
que l'incendie du Ministère des finances, de la Caisse des
dépôts et consignations, de l'Hôtel de Ville où ils ont cru
anéantir des fortunes mobilières. La croyant royaliste et
cléricale, sachant qu'elle avait le culte de monuments qui
faisaient l'admiration du monde entier, et qui représentaient, avant tout, pour elle de magnifiques étapes dans la
marche progressive du génie humain, ils ont voulu lui si-
gnifier qu'elle n'aurait plus de palais pour les rois qu'elle
était supposée vouloir se donner, qu'elle n'aurait plus de
temples pour son culte, plus de monuments à étudier, à
admirer pour former le goût de ses artistes. L'intention
est claire et précise, et veut une réponse immédiate, et
cette réponse doit être la suivante :

« Vous avez été élevés brusquement à la dignité de citoyens par le suffrage universel, et depuis que vous en avez
été investis, vous n'avez su en faire que le plus déplorable
usage. L'expérience était peut-être généreuse, mais à coup
sûr irréfléchie. Vous pouviez en profiter en faisant un noble
effort pour vous élever à la hauteur de la situation qui vous
était faite. Vous ne l'avez pas voulu. Vos réunions publiques

vous ont montrés en proie aux plus détestables passions.
Au lieu de travailler à vous élever graduellement jusqu'à
nous, par l'instruction, le travail et la bonne conduite,
vous n'avez montré qu'un désir ardent, sauvage, implaca-
ble : celui de nous dépouiller et de nous abaisser à votre
niveau. Nous voulions vous faire marcher dans les voies
du progrès, de la civilisation, vous avez voulu nous faire
rétrograder vers la barbarie. L'expérience a trop duré
pour le malheur de tous. Elle est finie. Tout en conservant
le suffrage universel, nous n'admettrons plus à y prendre
leur part que ceux qui auront conquis par leur instruction, leur travail, leur conduite, leur situation ac-
quise, leur titre de *citoyen français*. Ce titre oblige, il ne
peut être donné à ceux dont l'impatience demande à la
révolution les changements et progrès dans la constitution sociale, qui doivent être amenés par le jeu régulier
des institutions, par les manifestations du suffrage universel épuré. Il ne peut être donné aux célibataires, le
premier devoir du citoyen devant être de coopérer réguliè-
rement au maintien et au développement de la population (1). Il ne peut être donné aux membres du clergé
catholique, parce qu'ils sont célibataires, et relèvent
ostensiblement d'un pouvoir étranger dont les doctrines
sociales sont en opposition manifeste avec la constitution
progressive de toute société laïque. Il ne peut être donné,
ou du moins il ne peut être maintenu provisoirement, aux
fonctionnaires civils ou militaires, et aux soldats, parce
que l'expérience nous a appris que l'immixtion des premiers dans les élections est toujours attentatoire aux liber-
tés publiques, et que leur vote n'offre pas les garanties

(1) On pourrait faire une exception en faveur de ceux qui auraient
charge de famille ou auraient reconnu ou adopté un enfant, — ce qui
est une manière d'exercer la fonction paternelle et de venir en aide à
la société dans le point qui l'intéresse au plus haut degré.

voulues d'indépendance ; que le vote des troupes ne peut échapper au double écueil de la dépendance contraire à l'expression sincère du suffrage, ou de l'indépendance contraire à *la discipline militaire.* »

Telle est la déclaration à faire, et le plus vite possible, pour ramener le calme et la confiance, aux hommes qui, après avoir invoqué le suffrage universel, l'ont renié et foulé aux pieds parce qu'il les avait condamnés, au conspirateur naguère sur le trône comme au conspirateur des rues, qui l'un et l'autre n'ont voulu du suffrage universel que sous bénéfice d'inventaire, et qu'à la condition d'avoir en leur puissance le moyen de lui dicter ses résolutions.

Le suffrage ainsi épuré conserverait toujours le titre de suffrage universel, parce qu'il resterait *accessible à tous*, même aux soldats après leur libération, même aux fonctionnaires, lorsque de profondes réformes administratives et gouvernementales et l'expérience de ces réformes auraient donné la preuve que le pays est enfin arrivé à un système, le garantissant absolument contre les entreprises absorbantes du gouvernement et de l'administration.

Quant à la pratique du suffrage, elle devrait être fondée sur ce principe, *qu'elle doit offrir d'autant plus de garanties que les élus auront à débattre des intérêts plus graves et d'un caractère plus général, plus élevé.* Ces intérêts se discutent et se déterminent dans trois ordres de conseils commandés par la nature même des choses : le *conseil municipal*, le *conseil départemental* appelé improprement conseil général, et le *conseil national*, dont le nouveau titre remplacerait avec avantage, sous le rapport de la logique, celui de chambre des députés ou de corps législatif. Il est évident que chacun de ces conseils exige des hommes d'une capacité plus grande et d'un caractère plus élevé à mesure que l'on passe de l'un à l'autre en commençant par le conseil municipal. Les membres qui peuvent être appelés à composer celui-ci sont connus à peu près de tous dans chaque commune ; ils ont en outre à s'occuper de questions locales à la portée de tous. C'est donc dans ce cas que l'application la plus large possible du suffrage universel trouve sa place. Mais, dès qu'il s'agit d'un conseil départemental, les questions, les intérêts s'élevant, l'aptitude des électeurs et des élus doit s'élever en proportion. Pourquoi, dès lors, ne formerait-on pas un second corps électoral formé de tous les conseils municipaux réunis, choisissant *dans son sein* (1) les membres du *conseil départemental*. Par les mêmes motifs et de la même manière, le conseil départemental choisirait parmi les siens les membres du *conseil national*.

Mais le second corps électoral, composé des membres des conseils municipaux, tels qu'ils sont formés aujourd'hui, ne serait pas une représentation exacte du pays, puisque le nombre de ses membres n'est pas proportionnel à la population. C'est un détail auquel il est facile d'obvier en ramenant, par une proportion, les votes de ces conseils à une mesure commune. Supposons, par exemple, que deux villes d'un même département, l'une de 20,000 habitants, l'autre, la plus peuplée, de 40,000, aient le même nombre de conseillers ; les voix des conseillers de cette dernière étant comptées pour leur nombre, les autres le seraient pour la moitié seulement, et l'équilibre serait ainsi rétabli.

Mais la machine gouvernementale ne peut s'arrêter là. L'expérience nous a montré, à satiété, qu'une chambre,

---

(1) A l'exclusion des maires et adjoints, qui doivent rester à leur poste pour administrer leurs communes.

ou un conseil national unique, devient infailliblement le pire des despotes : *le despote anonyme;* tandis que l'exemple des pays qui se gouvernent eux-mêmes, et le font aussi bien qu'on peut le désirer, eu égard à leur degré de civilisation et à l'imperfectibilité humaine, prouve non moins clairement que le mécanisme de deux chambres offre assez de garanties pour être accueilli par tous ceux qui se laissent guider plutôt par l'expérience que par les théories. La seule question à résoudre serait de savoir comment l'on procéderait à son élection. Or, en restant dans l'ordre d'idées qui réclame des garanties croissantes de capacité et d'honorabilité à mesure que la responsabilité s'élève, j'estime que la deuxième chambre, appelée SÉNAT, pourrait se composer des présidents de nos conseils départementaux. Par ces triages successifs, le pays aurait le moyen le plus pratique, le plus facile et le plus certain de former un sénat, qui se composerait sinon de toutes les illustrations du pays, du moins d'une collection choisie d'hommes tous capables, honorables et dans laquelle on aurait le plus de chances possibles de trouver un bon CHEF DU POUVOIR EXÉCUTIF.

Quant à cette dernière et suprême élection, elle devrait se faire par les membres du SÉNAT et par un nombre égal de membres du CONSEIL NATIONAL, délégués spécialement à cet effet.

Les garanties de capacité et d'indépendance, offertes par des corps constitués dans ce système, me paraissent indiscutables. En outre, il importe de faire remarquer qu'aujourd'hui les membres du *conseil départemental* et du *conseil national* sont constamment en butte aux sollicitations de leurs électeurs; les premiers poursuivent l'administration dans les préfectures, les seconds dans les ministères, afin d'en obtenir *les faveurs à l'aide desquelles ils maintiennent leur équilibre électoral.* Cette situation n'est pas digne de la représentation du pays. Il fausse le mécanisme de cette représentation, en ce sens que les hommes qui votent les dépenses et les contrôlent, se mettent à la merci de l'administration qui lui est subordonnée, soit pour en obtenir une distribution qui n'est jamais conforme aux intérêts généraux, soit pour lui faire ouvrir ses rangs à des fils d'électeurs qui viennent grossir indéfiniment, inutilement, le nombre des agents à la solde de l'État, et augmenter incessamment le chiffre du budget et L'IMPORTANCE DE L'ADMINISTRATION. Si l'on veut bien y regarder, on verra que là est la véritable cause première, inaperçue, inconsciente si l'on veut, du mal dont souffre le pays ; que l'administration n'en est que la cause seconde ; mais, il faut bien le dire, la cause consciente, celle qui mérite les reproches universels qui lui sont adressés.

Que nos représentants aient le courage de sonder cette plaie, et ils reconnaîtront que si l'administration appelle une réforme urgente, la constitution des corps délibérants en demande une aussi très-pressante et sans laquelle rien ne serait fait, sans laquelle nous retomberions, à coup sûr, dans ce cercle vicieux où se traîne le régime représentatif depuis son introduction dans le pays.

XII

Que l'on suive la marche indiquée dans les lignes précédentes ou toute autre visant au même but et atteignant le même résultat; que l'on procède ensuite aux réformes administratives et à une décentralisation sérieuse, alors le budget des dépenses se désenflera comme par enchantement et sans retour possible aux anciens errements.

Ce résultat atteint, la forme ou plutôt l'étiquette du gouvernement deviendra une question très-secondaire que l'on pourra étudier en prenant le temps voulu pour la résoudre en parfaite connaissance et d'une manière définitive. A cet égard, je me bornerai à dire que la France a eu assez de révolutions, a dépensé assez d'argent et de sang à propos de cette question pour prétendre qu'elle est parfaitement fondée à ne plus vouloir absolument qu'elle soit à l'avenir l'objet du renouvellement de pareils sacrifices; et par conséquent, il faut admettre que les mandataires du pays qui le gouverneront, présidents ou princes, *seront des mandataires révocables* par le conseil national et le sénat dans des circonstances déterminées, qui accepteront cette situation, et à qui d'ailleurs on ne remettra aucun pouvoir de nature à leur permettre d'enfreindre la volonté nationale.

En attendant, conservons le gouvernement que nous

avons, à qui incombe la lourde mais patriotique tâche d'infuser au pays un sang nouveau, après avoir pansé ses blessures. Cependant, j'avoue avoir une extrême répulsion pour un nom également sali et rendu odieux par ses partisans des clubs et des rues et par ses ennemis, et que les derniers événements, exploités par les dynastiques aussi purs qu'aveugles, ne contribueront pas à rendre plus populaire. C'est le nom de *république*. Ce nom, d'ailleurs, est tiré de certains gouvernements de l'antiquité *s'appliquant à des sociétés d'une forme très-différente de la nôtre*, aussi bien que de la forme perfectionnée à laquelle tout. bon citoyen doit aspirer. Le nom ne correspond pas à la chose. Ne singeons pas plus longtemps l'antiquité, supprimons-le, et substituons-y une fois pour toutes : LE GOUVERNEMENT DE LA NATION FRANÇAISE.

Il est impossible, si l'on est raisonnable, que tout le monde ne tombe pas d'accord là-dessus. C'est un nom qui doit convenir aux républicains comme aux dynastiques qui aiment avant tout leur pays et le mettent au-dessus de tout. Dans cet ordre d'idées, il n'y aura plus réellement, sauf une légère nuance que le temps et la raison effaceront, qu'un grand parti, le *parti national*, dont tous les représentants sans exception auront discuté et voté, à une grande majorité, la forme de notre régime représentatif à ses trois degrés et son système administratif. Cela fait, si les prétendants sont sages, plus *français* que *princes*, si nos anciennes familles de la noblesse sont assurées de les voir accueillis, honorés, utilisés suivant leur mérite, si on laisse aux uns et aux autres le culte respectable des souvenirs, l'héritage des noms et des titres qui ont illustré l'histoire du pays ; si, d'un autre côté, les *nationaux* les plus austères veulent bien comprendre que tous les cerveaux ne sont pas coulés dans le même moule, que le goût des distinctions est *dans la nature humaine*, qu'il est le mobile de grandes actions *qui ne coûtent rien au pays*, qu'il n'est pas plus contraire à l'égalité que la fortune à laquelle tout le monde peut arriver par l'étude, l'intelligence et le travail, ils prêteront les mains de bonne grâce au projet consistant à offrir à tous les citoyens qui aiment leur pays un terrain rationnel de conciliation assez large pour les contenir tous.

———

En résumé, une guerre insensée formidable, suivie de la plus grande défaite que jamais nation civilisée ait subie ; une insurrection qui a dépassé par son importance, ses actes de vandalisme, ses conséquences, tout ce qu'une imagination folle, enragée, pourrait inventer ; l'une et l'autre se traduisant par des sommes écrasantes à payer par un pays appauvri et à moitié ruiné : tels sont les traits principaux de la situation actuelle.

Comme traits accessoires, il faut noter, en *première ligne*, si l'on veut bien consulter, comme je l'ai fait, les chefs d'usine, tout un peuple d'ateliers en nombre considérable, intelligent, entreprenant, qui acclamait les prétendus succès de la Commune, et n'attendait qu'un succès en apparence décisif, que la reproduction peut-être des faits et gestes imprudents de M. de Kerdrel, pour se mêler au branle-bas général.

Deuxièmement. Une population de travailleurs égarée, décimée, et dont la rage d'être vaincue s'est traduite par des excès inconnus jusqu'ici dans les pays civilisés, une partie de cette population, en si petit nombre qu'on la suppose échappée ou graciée, allant dans toute la France inoculer le virus de [haine et de vengeance dont

elle est atteinte, virus dont l'effet dépendra des agissements de la Chambre au sujet de la question gouvernementale et des réformes sociales trop longtemps attendues.

Troisièmement. Un peuple de paysans qui ne connait
que deux choses : la terre qu'il possède et cultive et les ré-
coltes qu'il vend ; qui n'a pas le souvenir d'avoir jamais
mieux vendu que sous l'Empire, qui a joui sous ce régime
d'une propriété *incontestée* et de ventes avantageuses, et
qui le verrait revenir avec satisfaction ; qui est en général
illettré et crédule comme les gens de cette catégorie ; qui est
féroce sur l'article de la propriété et à qui l'on fera facilement accroire, en s'appuyant sur le manifeste du comte de
Chambord, qu'il est menacé du retour de la monarchie
de droit divin, des priviléges des nobles et de la dîme du
clergé, témoin ce qui s'est passé récemment dans la Cha-
rente-Inférieure, où l'on avait répandu discrètement le
bruit qu'il était question du rétablissement de la dîme.

Quatrièmement. Une hésitation de l'armée, dont les soldats ont vu des frères dans ceux qu'on leur envoyait com-
battre, hésitation telle que le gouvernement a pu croire,
avec raison, que tout était perdu s'il ne se retirait préci-
pitamment à Versailles, s'il n'y entraînait avec lui ses
troupes ébranlées, et s'il n'attendait qu'elles fussent rame-
nées par le patriotisme intelligent de leurs chefs, par
le spectacle des folies de la Commune au début, et plus
tard par ses actes de sauvagerie, au sentiment de la discipline et de l'ordre social, avant de les engager dans la
redoutable et sanglante bataille dont nous venons d'entendre les derniers et sinistres éclats.

Et en définitive, et quoi qu'en pensent nos députés
de la droite, une armée qui ne sait auquel entendre, tant il y a de gens intéressés cherchant à l'en-

traîner dans des voies différentes ; qui a pris l'habitude
d'interroger et de s'interroger, et qui, par conséquent,
sera dans un état d'équilibre instable, dont les révolutionnaires tireront toujours parti à un moment donné, tant
qu'on lui demandera de se battre tantôt pour ceci, tantôt
pour cela , et dont on ne sera sûr que lorsqu'on ne lui
demandera plus qu'*une seule chose*, claire, intelligible,
désirable pour tous, non de se battre pour tel ou tel
prétendant, mais pour le gouvernement, libre de toute
dynastie, de la NATION FRANÇAISE.

Cinquièmement. Une nation entière, poussée par un
régime parlementaire ou représentatif, vicieux, à un fonc-
tionarisme *à outrance*, ayant pour règle l'avancement à la
faveur ou à l'ancienneté, jamais au mérite ; pour règle de
conduite ordinaire, L'OISIVETÉ, dont il ne se départit
que pour procéder, dans son intérêt et celui du pouvoir exécutif, à l'étouffement systématique de toute initiative individuelle ou locale. Ce qui fait qu'à un moment
critique, qui se présente toujours, que prépare infailliblement un état de choses si déplorable, le pays, châtré de
tous les sentiments qui font les peuples forts et libres, habitué à se reposer de tout sur le gouvernement, gangrené
par la recherche exclusive des jouissances matérielles, du
gain licite ou illicite, du dernier surtout, est livré, dé-
sarmé, à qui veut l'attaquer, de l'extérieur ou de l'intérieur, et la crise passée, est incapable de trouver en lui
la connaissance de soi-même, l'expérience, le ressort,
l'énergie, l'initiative nécessaires pour se relever rapidement et s'élancer dans une voie nouvelle, capable de lui
éviter le retour périodique des mêmes catastrophes.

Sixièmement. Une administration civile et militaire,
puissante par l'inertie et l'égoïsme, par une espèce de

franc-maçonnerie qui unit ses chefs, tous élèves de la même école, sacrifiant tout, même le pays, à son intérêt ; que tous les gouvernements ont conservé précieusement et agrandi incessamment comme un instrument de domination ; qui a rempli cet objet, mais à son profit, en faisant des instruments de son ambition, et à leur insu, du pouvoir exécutif et des chambres. On a vu, dans les pages précédentes, par quels procédés ingénieux ce résultat était atteint.

Septièmement et *éventuellement*. Un pouvoir exécutif, plus préoccupé de l'idée de consolider sa dynastie que des intérêts du pays, ne voyant et n'agissant que par une administration incapable, fainéante, et pourtant despotique et envahissante, égoïste, tracassière et insolente ; une chambre de représentants nommée de plus en plus par l'intervention du pouvoir et de l'administration, se plaisant à l'être parce qu'elle y trouve son compte, faisant les lois les plus agréables possibles à l'un et à l'autre, ne contrôlant rien sérieusement ; attendant d'eux, en retour, les faveurs qui lui permettent de *garder son équilibre électoral;* cette singulière TRINITÉ allant tous les jours s'aveuglant réciproquement à qui mieux mieux, et de plus en plus, sur les aspirations indéfiniment ajournées, les besoins, les intérêts, les sentiments du pays avec lequel elle n'a bientôt plus rien de commun, s'étonnant de faire la culbute périodique, si bien préparée par elle-même et à son insu, et ne trouvant pour l'expliquer que *l'incurable instabilité du caractère français !* d'autre moyen pour y obvier que celui-là même qui vient d'échouer, c'est-à-dire le rétablissement, le replâtrage de la *même sempiternelle et absurde trinité!*

C'est la quatrième fois, depuis quarante ans, que la

France se débat sous les étreintes cruelles de la même maladie que le traitement d'aveugles empiriques lui ont inoculée. Et il faut reconnaître qu'elle doit avoir un tempérament solide pour y résister. Cette fois, cependant, la mesure a été tellement dépassée qu'elle ne devra, ainsi que je le disais au début, *qu'à un excès providentiel du mal* de pouvoir s'en tirer. En effet, la santé de la malade est atteinte au point d'exiger les plus suprêmes ménagements; des remèdes appliqués avec trop de précipitation, quoique à bonne intention, provoqueraient probablement de nouveaux troubles qui la mettraient à deux doigts de sa perte. C'est le cas d'avoir recours à la nature médicatrice, de pratiquer la médecine expectante, sagement conseillée par M. Thiers, mais, en même temps, il ne faut rien négliger pour favoriser cette bienfaisante action. Il faut à la France, exténuée, faible de corps et d'esprit, de l'air en abondance, et réduire au minimum, en réformant le reste, cette administration de mandarins qui lui a toujours si étroitement mesuré les ouvertures. On peut d'autant mieux espérer que la France obtiendra, enfin, cette réforme salutaire, qu'elle est rigoureusement et providentiellement commandée par l'étendue du mal dont elle souffre et par l'état de ses finances. Il faudra encore et le plus tôt possible favoriser tout ce qui peut être capable de reporter en partie aux extrémités la circulation qu'on faisait affluer au centre, au risque de la faire périr d'anévrisme. C'est de la décentralisation largement entendue et pratiquée qu'elle tirera cet inestimable bienfait. Puis, considérant que c'est UNE LOI DE NATURE que rien ne pousse et ne prospère, plantes, muscles, intelligence, sentiments patriotiques et autres, sans être entretenu dans un état de culture continuel; considérant que l'on a trop prêché de paroles et d'exemples les déplorables maximes : « *Enri-*

chissez-vous, *chacun chez soi, chacun pour soi;* » que l'on n'a pas suffisamment combattu l'ossification du cerveau national par des exercices intellectuels sagement gradués et universellement répandus; que l'absence complète d'un catéchisme bien fait des droits et devoirs du citoyen, des devoirs surtout, indispensable à la production et à la conservation d'un sang chaudement patriotique, a amené cette cruelle découverte, que la France était atteinte *d'anémie,* au moment où elle aurait eu besoin de son sang le plus généreux des meilleurs temps de sa longue existence; qu'en résumé, cette situation intellectuelle et morale qui pèse si douloureusement, si dangereusement sur des membres importants du corps social, *le peuple des villes et des campagnes et l'armée,* permet de les égarer facilement et à un tel point qu'une circonstance critique venant à se produire, IL EST ABSOLUMENT IMPOSSIBLE DE PRÉVOIR QUELLES EN SERONT LES CONSÉQUENCES ; j'espère que l'on reconnaîtra la nécessité de leur appliquer le régime d'*une instruction uniforme, patriotique et obligatoire;* que cette instruction ne pourra leur être donnée que par des Français ayant acquis tous leurs droits au titre de citoyen électeur et éligible, définis précédemment; l'État ne s'occupant de cette instruction que pour s'assurer, par ses inspecteurs, qu'elle remplit les conditions tracées par le *conseil national.*

Pour dernière mesure de salut, il faudra encore à notre chère patrie, non plus les empiriques d'autrefois, nommés sans examen, sans garantie sérieuse, inconnus pour la plupart de leurs électeurs; il ne faudra plus demander à ceux-ci que ce qu'ils peuvent donner, à savoir : quels sont les hommes qu'ils connaissent particulièrement, sous le rapport de la capacité, de l'honorabilité, et auxquels ils consentent à confier le soin *de leurs intérêts les plus immédiats,* les intérêts municipaux. Cela fait, en n'ad-

mettant au rang d'électeurs, non des Français choisis ar-
bitrairement, mais tous ceux, sans exception, qui auront
rempli des conditions nécessaires, loyalement débattues et
déterminées, on aura créé, pour la première fois, de
bons conseils municipaux, et, avec eux, un deuxième
corps électoral dont la capacité garantira l'aptitude à élire
les *conseils départementaux*, pépinière choisie où l'on
trouvera des hommes se connaissant tous et nommant
parmi eux les plus dignes d'entrer dans le GRAND
CONSEIL NATIONAL, et dans le SÉNAT.

Qu'on me donne tout cela, et j'abandonne volontiers
tout le reste à la grâce de Dieu...

Saint-Germain, 26 mai 1871.

TABLE DES MATIÈRES

Imprimerie L. Toinon et Cᵉ, à Saint-Germain.